川西高原公路隧道
设计与施工技术指南

Design and Construction Guide for Highway Tunnels in Western Sichuan Plateau

四川省公路规划勘察设计研究院有限公司　编著

科学出版社

北　京

内 容 简 介

川西高原地区地形地貌条件复杂,随着西部基础交通建设的推进,川西高海拔公路隧道数量迅速增加,建设过程中低温、低压、低含氧量问题突出,导致隧道施工效率低、隧道使用寿命缩短、行车安全性降低等。因此在积累川西数十座公路隧道建设经验基础上,结合科研成果,从勘察、设计、施工、建筑材料等方面进行了详细要求,形成了具有指导意义的川西高原公路隧道设计与施工技术指南。

本书适用于铁路、公路隧道的设计单位、施工单位和运营管理单位;也可供从事相关研究和教学的单位参考使用。

图书在版编目(CIP)数据

川西高原公路隧道设计与施工技术指南 / 四川省公路规划勘察设计研究院有限公司编著. —北京: 科学出版社, 2019.11

ISBN 978-7-03-063266-1

Ⅰ.①川… Ⅱ.①四… Ⅲ.①川西高原–公路隧道–设计–指南 ②川西高原–公路隧道–隧道施工–指南 Ⅳ.①U459.2-62

中国版本图书馆 CIP 数据核字 (2019) 第 248183 号

责任编辑:张 展 于 楠 / 责任校对:彭 映

责任印制:罗 科 / 封面设计:墨创文化

科 学 出 版 社 出版

北京东黄城根北街16 号

邮政编码:100717

http://www.sciencep.com

成都锦瑞印刷有限责任公司印刷

科学出版社发行 各地新华书店经销

*

2019 年 11 月第 一 版 开本:B5 (720×1000)

2019 年 11 月第一次印刷 印张:5 1/2

字数:89 000

定价:68.00 元

(如有印装质量问题,我社负责调换)

川西高原公路隧道设计与施工技术指南

编委会

主编单位　四川省公路规划勘察设计研究院有限公司

参编单位　中铁西南科学研究院有限公司

同济大学

中国中铁一局集团有限公司

重庆大学

四川大学

主要起草人　郑金龙　吴　剑　夏才初　王刘勋　吴　鹏

王　联　汤积仁　马洪生　蔚艳庆　林国进

杨　枫　郑　波　姚志军　朱长安　葛正辉

高世军　田尚志　李泳伸　唐　协　韦远飞

周仁强　裴伟伟　郑建国　田志宇　向　龙

前　言

本指南系统提炼了“高海拔地区复杂地质条件下公路隧道设计与施工技术研究”“雀儿山隧道建设与运营关键技术”“巴朗山高海拔寒区隧道冬季施工关键技术研究”“巴朗山高海拔寒区隧道施工供氧关键技术研究”“高海拔复杂地质特长公路隧道关键施工技术”等科研项目研究成果，并参考铁路隧道、寒区市政建设相关规范规定进行编制。

编写组在总结 20 多年川西高原公路隧道设计、施工经验和相关科研成果的基础上，以完善和提升川西高原公路隧道建设技术为核心，完成了本指南的编写工作。

本指南分为七章和 6 个附录，包括总则、主要术语、基本规定、隧道勘察、隧道设计、隧道施工、建筑材料。主要内容有：川西高原公路隧道分类，川西高原隧道结构、通风及供氧计算，隧道勘察、隧道总体设计、结构设计、通风及供氧设计，隧道施工通风、制氧供氧和冬季施工，建筑材料性能要求等。

本指南具有较强的可操作性及适用性,可作为我国高海拔公路隧道勘察、设计和施工参考。鉴于我国高原隧道可借鉴的经验较少，同时限于学识水平，如发现本指南有修改和不足之处，请及时将意见寄交四川省公路规划勘察设计研究院有限公司(地址：成都市武侯祠横街 1 号；邮编：610041)。

目　　录

第一章　总　　则

1.0.1　为满足川西高原公路隧道建设需求，提高川西高原公路隧道勘察、设计与施工水平，制订本指南。

1.0.2　本指南适用于以钻爆法开挖为主的川西高原地区新建、改(扩)建各级山岭公路隧道，其他隧道可参照执行。

［说明］

云南、甘肃、青海、西藏等高海拔地区，特别是与四川交界地区，其温度、湿度、氧气含量等气象条件与川西高原相似，可以参考使用。

1.0.3　川西高原公路隧道建设应掌握隧址区气象条件、水文地质、岩石(土)冻胀和热导率等，遵循因地制宜、安全可靠、技术先进、经济合理的原则。

1.0.4　川西高原公路隧道应考虑冻害、雪害的影响，合理确定隧址位置、平纵轴线，并结合防冻保温措施确定内轮廓设计、结构设计、防排水设计、材料性能等方案。

1.0.5　川西高原公路隧道施工应结合隧道规模和氧气含量情况制定施工通风与制氧供氧方案，合理配置人员及机械设备，同时应根据气温条件制定冬季施工方案。

［说明］

主要目的是提高建设人员安全性和舒适度，确保工程质量和满足工期要求。

1.0.6 川西高原公路隧道建设宜采用实际工程应用效果较好的新技术、新材料、新设备、新工艺。

1.0.7 川西高原公路隧道设计与施工除应符合本指南外，尚应符合国家、行业现行标准、规范的规定。

第二章　主 要 术 语

2.0.1　川西高原 western Sichuan plateau

四川省西部与青海、西藏交界的高海拔地区，分为川西北高原和川西山地两部分。

2.0.2　一般海拔隧道 general altitude tunnel

在川西高原，海拔高度小于或等于 2100 米的隧道，本指南定义为一般海拔隧道，即 GI 型隧道。

2.0.3　高海拔隧道 high altitude tunnel

在川西高原，海拔高度处于 2100～4200 米之间的隧道，本指南定义为高海拔隧道，即 GII 型隧道。川西高原多数隧道处于此海拔高度，本指南又细分了三个亚级，海拔高度处于 2100～2800 米、2800～3500 米和 3500～4200 米的隧道，分别对应为 GII-1 型、GII-2 型和 GII-3 型隧道。

2.0.4　超高海拔隧道 extra high altitude tunnel

在川西高原，海拔高度大于或等于 4200 米的隧道，本指南定义为超高海拔隧道，即 GIII 型隧道。

2.0.5　季节性冻土地区 seasonally frozen region

地表层冬季冻结、夏季全部融化的土称为季节性冻土，其所在地区称为季节性冻土地区。

2.0.6　最大冻结深度 maximum depth of frozen ground

地表土层或疏松岩石冻结的最大深度。

2.0.7 标准冻深 standard frost depth

在空旷野外、地表袒露平坦的不冻胀性黏性土冻深观测站，实测不少于 10 年的年最大冻深的平均值。

2.0.8 冻结指数 freezing index

某年的冻结指数为该年内日平均温度中的负温度累计值。日平均温度为每日的 2 时、8 时、14 时和 20 时 4 个时刻的气温平均值。

2.0.9 冻融作用 freeze thaw action

土层由于温度降到零度以下和升至零度以上而产生冻结和融化的一种物理地质作用和现象。

2.0.10 冻胀作用 frost heaving

土层冻结，其中水分向冻结锋面迁移，产生重分布并变成冰，使原土层体积增大而发生变形的过程。

2.0.11 冻胀力 frost-heaving force

由于围岩或土体冻胀产生的作用在隧道支护结构上的力，以切向冻胀力、法向冻胀力和水平向冻胀力表示。

2.0.12 高原反应 high altitude reaction

人到达一定的海拔高度后，身体为适应高海拔地区气压低、含氧量少、空气干燥等环境因素的变化，而产生的各种不适的生理反应。

2.0.13 制氧供氧 oxygen generated and supply

隧道处于一定的海拔高度后，为克服高原反应所采取的工程措施，由制氧系统、管道系统、瓶装系统、供氧系统等组成。

2.0.14 弥散式供氧 oxygen supply of diffuse type

氧源通过管路输送到密封性较好的空间，蔓延至空间的各个角落，将空气中氧浓度提升至合理的范围内。

2.0.15 月平均气温 monthly average temperature

全月各日的日平均气温的算术平均值。

2.0.16 防冻保温系统 antifreeze insulation system

防冻保温系统是由保温层、保护层和固定材料(胶黏剂、锚固件等)构成，且安装在隧道衬砌表面或初期支护与二次衬砌之间的非承重保温构造总称。

第三章　基 本 规 定

3.1　总 体 要 求

3.1.1　川西高原隧道应根据建设的需要分阶段开展地质勘察工作，特别是气象勘察工作，查明隧址区的工程地质、水文地质和气象条件，勘察深度应满足高原隧道抗防冻设计和高原隧道安全施工要求。

［说明］

根据工程实践，川西高原隧道气象勘察十分重要和关键，特别是获取隧址区气温、风速风向、最大冻结浓度、气压（含氧量）、融化指数(冻结指数)等气象参数，对隧道设计、施工及运营存在较大影响。

3.1.2　川西高原隧道应充分体现“气象选线”原则。确定隧道位置时，除考虑地质、地形条件外，应充分考虑隧址区气象条件，选取适当的隧道标高、洞口位置和轴线方向。

［说明］

根据现场工程调查，通过“气象选线”确定合理标高、洞口位置以及风向等气象因素，对防止隧道冻害及保障运营安全意义重大。

3.1.3　川西高原隧道应根据海拔高度分级指标进行结构抗防冻、防排水设计。

3.1.4　川西高原隧道应根据海拔高度分级标准配置相应的施工通风、制氧供氧和医疗保障等方面专项设备，施工时应考虑冬季施工技术措施。

3.2 川西高原公路隧道海拔高度分级标准

3.2.1 川西高原公路隧道应以隧道洞口最冷月平均气温为主要指标，以最大冻结深度为辅助指标，按表 3.2.1 确定隧道的寒冷程度。

表 3.2.1 高原公路隧道寒冷程度分级指标

寒冷程度	主要指标	辅助指标
	最冷月(1 月)平均气温	最大冻结深度(cm)
一般地区	≥0℃	0~35
寒冷地区	-10～0℃	35～135
严寒地区	≤-10℃	≥135

[说明]

参考《民用建筑热工设计规范》GB50176。

3.2.2 川西高原公路隧道应根据隧道洞口年平均气管氧分压，按表 3.2.2 确定隧道的缺氧程度。

表 3.2.2 高原公路隧道缺氧程度分级指标

缺氧程度	气管氧分压(mmHg)	对应 0 米海拔氧气含量	对应大气压力(mmHg)
不缺氧	≥113	≥16%	≥589
部分缺氧	84～113	12%～16%	450～589
严重缺氧	≤84	≤12%	≤450

[说明]

参考《缺氧危险作业安全规程》GB8958 等。

3.2.3 川西高原公路隧道按海拔高度可分为一般海拔隧道、高海拔隧道和超高海拔隧道三级，无实测数据时，隧道寒冷程度与缺氧程度可参照表 3.2.3 的规定确定。

表 3.2.3 川西高原公路隧道海拔高度分级标准

隧道分级标准		海拔高度(m)	寒冷程度	缺氧程度
一般海拔隧道	GI 型	≤2100	一般地区	不缺氧
高海拔隧道	GII-1 型	2100～2800	寒冷地区	部分缺氧
	GII-2 型	2800～3500		
	GII-3 型	3500～4200		
超高海拔隧道	GIII 型	≥4200	严寒地区	严重缺氧

［说明］

根据川西多地区多座隧道隧址区气象实测研究统计，随着海拔高度升高，气温降低、大气压(含氧量)降低，而且有较好的一致性规律。海拔高度低于2100米时，氧气含量≥16%，最冷月(1月)平均气温均≥0℃。当海拔高度大于4200米时，氧气含量≤12%，最冷月(1月)平均气温均≤-10℃，海拔高度在2100～4200米时，氧气含量一般在12%～16%，最冷月(1月)平均气温一般在-10～0℃。

川西高原隧道多数处于2100～4200米，参考隧道围岩分级的经验将高海拔隧道分成三个亚级。

3.3 川西高原公路隧道综合设防原则

3.3.1 川西高原公路隧道轴线宜与隧址区冬季风向垂直或大角度相交，洞口宜布设在阳坡面，并根据地形、风向合理确定洞口防风防雪措施。

3.3.2 川西高原公路隧道应根据隧道海拔高度分级标准制定隧道抗防冻及制氧供氧技术措施。隧道抗防冻措施内容包括隧道支护结构、防排水和防冻保温层等，制氧供氧措施内容包括制氧方式、供氧方式以及医疗保障等。

3.3.3 川西高原公路隧道抗防冻及制氧供氧设防应根据实测最冷月(1月)平均气温及含氧量情况制定针对性设防措施，若无实测资料可参照

表 3.3.3 选取。

表 3.3.3 川西高原公路隧道综合设防措施选用原则

隧道分级标准		海拔高度(m)	抗防冻措施	制氧供氧措施
一般海拔隧道	GI 型	≤2100	不采用	不采用
高海拔隧道	GII-1 型	2100～2800	选用	不采用
	GII-2 型	2800～3500	选用	选用
	GII-3 型	3500～4200	采用	采用
超高海拔隧道	GIII 型	≥4200	采用	采用

[说明]

不采用是指采用一般隧道措施，不采取抗防冻和供氧措施；选用是需要根据气象资料论证是否采取抗防冻和供氧措施；采用是需要考虑抗防冻和供氧措施，根据冻害及缺氧程度进一步确定具体措施。

第四章　隧道勘察

4.1　一般规定

4.1.1　川西高原隧道应分阶段开展工程地质勘察工作，除满足《公路工程地质勘察规范》(JTG C20) 中隧道勘察技术要求外，还应进行专项的气象和水文地质勘察，其勘察范围和深度应满足各阶段隧道设计的需要。

[说明]

根据科研成果和工程实践，川西高原隧道需要强化气象勘察和水文地质勘察。

4.1.2　川西高原隧道勘察应编制勘察大纲。编制大纲前应收集隧址区的气象、水文、区域地质等相关资料，对收集的资料进行分析和现场踏勘后，根据地形地貌、地质条件、气象条件，综合选择勘察方法和布置勘察工作量。

4.1.3　地质构造复杂、含变质岩地层的隧道应重点调查隧址区水文地质条件，包括地表水分布、地下水位及变化范围、地下水出露等。宜在不同季节分别进行调查，评价隧道总涌水量，预测集中涌水段落。

[说明]

根据川西高原隧道工程实践，隧道通过含变质岩地层时，地下水对围岩软化作用大，影响隧道围岩及支护的稳定，也影响隧道施工进度和安全。

4.1.4 川西高原海拔高度超过 4800 米的地区可能存在多年冻土，多年冻土勘察应符合《冻土工程地质勘察规范》(GB50324)相关规定；海拔高度超过 2800 米路段应对最大冻结深度进行调查评价。

[说明]

通过调查，川西高原海拔高度低于 4800 米的地区出现多年冻土可能性小。

4.1.5 川西高原公路隧道工程地质勘察工作应采用资料收集、工程地质调绘、水文地质调绘、物探、钻探、现场测试、室内试验等手段，综合评价隧址区工程地质条件。

[说明]

四川西部山区高原隧道具有气象条件复杂，且小区域气候条件多变，地质构造复杂，断裂和褶皱发育规模大，地震烈度高，岩体风化程度高的特点，岩石以变质岩(板岩、千枚岩等)居多，岩组、岩性变化频繁且无明显重复规律，水文地质条件复杂，普遍具有地下水丰富的特点(且变质岩区域内地下水普遍具有滞后出露现象)，所以在充分总结既有高原隧道勘察设计施工经验的基础上，经分析认为，在高原隧道勘察中尤其要重视气象条件、水文地质条件的勘察，并应重点使用物探、钻探验证、地应力测试等有效勘察方法，注重各种勘察方法获取的地质资料的综合分析研判。

4.2 勘察手段与资料要求

4.2.1 不同勘察设计阶段采用的勘察手段可按表 4.2.1 选用。

表 4.2.1 勘察手段选用表

勘察手段	勘察阶段			
	预可勘察	工可勘察	初步勘察	详细勘察
资料收集	+	+	+	+
地质调绘	+	+	+	+
气象勘察	(+)	(+)	+	+
钻 探		(+)	+	+
物 探			+	(+)
测试试验			+	+

注："+"必做项目；"(+)"选做项目。

[说明]

勘察手段的选取和组合不是固定的，表中列出的是常用的勘察手段，并鼓励使用勘察新技术、新方法。随勘察阶段的不同，勘察方案可根据地质构造的复杂程度、岩性组合情况、资料收集详细程度、工程类型等各种因素综合考虑后分析确定。

4.2.2 文字说明资料应包括以下内容：

1. 预可及工可勘察：应对隧址区沿线的地形地貌、地层岩性、地质构造、水文地质条件、气象条件、冻土深度、地震动参数等基本地质条件进行说明；对不良地质和特殊性岩土应阐明其类型、性质、分布范围、发育规律及其对隧道工程的影响和处治建议；概略划分隧道的围岩级别，估算隧道涌水量，阐述各地层的工程地质条件、方案比选意见及下阶段地质勘察工作建议。

2. 初步勘察：除包含上述一般性地形地貌、地质构造等总体说明外，应说明隧址区水文地质和工程地质条件，评价隧址区气候条件、冻土深度及对隧道的影响，分段评价隧道的围岩级别；分析隧道进出口地段边坡的稳定性及处治建议；分析高地应力岩石发生岩爆和大变形的可能性及级别；对隧道的傍山段浅埋偏压情况进行评估；分析隧道在通过储水构造、断裂带、覆盖层等不良地质段发生集中涌水、塌方的可能性；

隧道通过碳质岩层、煤系地层、油气田地层时，应分析有害气体对工程建设的影响；对隧道涌水量进行分析计算；评估隧道建设对当地地质环境的影响及隧道建设的适宜性。

3. 详细勘察：在初步勘察基础上，补充实施勘察工作后，校对初勘的水文地质、工程地质、气象条件和最大冻结深度等文字说明。资料要求同初步勘察。

4.2.3 图表资料应包括以下内容：

1. 工可勘察：

1）全线工程地质平、纵面图（1∶10000～1∶200000）；

2）隧道工程地质平、纵面图（含工程地质平面图和工程地质纵断面图）（1∶2000～1∶10000）；

3）附图、附表和照片等。

2. 初步勘察：

1）隧道1∶2000～1∶10000工程地质平面图；

2）隧道1∶2000～1∶10000工程地质纵断面图；

3）隧道洞口1∶500工程地质平面图；

4）隧道洞口1∶200工程地质断面图；

5）钻孔柱状图1∶50～1∶200；

6）气象勘察分析资料；

7）物探、测井解释成果资料；

8）原位测试、地应力测量、水文地质测试、岩石、土体、水样测试资料、地温测试、有害气体等测试资料；

9）附图、附表和照片等。

3. 详细勘察：

在初步勘察基础上，补充实施勘察工作后，补充、校对初勘图表资料。资料要求同初步勘察。

4.3 地质调绘

4.3.1 川西高原公路隧道工程地质调绘应分阶段开展工作，调查内容和深度应与设计阶段相适应。

4.3.2 地质调绘及综合评价主要包括以下内容：

1. 地层、岩性及地质构造的性质、类型和规模；

2. 断裂、断层、节理等软弱结构面特征及其与隧道的组合关系；

3. 地下水类型及地下水位、含水层的分布范围及相应的渗透系数、水量和补给关系，断裂、断层及褶皱构造与地下水补径排的关系，水质及其对混凝土的侵蚀性，有无异常涌水、突水；

4. 冲沟、凹沟等地表汇水地形与隧道的关系，评价其对隧道涌水量的影响；

5. 临近地区既有隧道或地下结构物冻融病害调查，主要包括衬砌开裂、渗漏水及挂冰、路面积水与结冰、洞口挂冰及热融滑塌、地表截排水沟出水口积水与结冰等；

6. 调查隧址区崩塌、错落、岩堆、滑坡、岩溶、自然或人工坑洞、采空区、泥石流、流沙、湿陷性黄土、盐渍土、盐岩、地热等不良地质和特殊地质现象，及其发生、发展的原因、类型、规模和发展趋势，分析其对隧道洞口和洞身稳定的影响程度；

7. 隧道通过煤系地层或碳质岩层时，应注意对有害气体的调查访问和类比资料收集，为钻孔布置调整及取样测试提供指导意见；

8. 按《中国地震动参数区划图》(GB18306)的规定或经地震部门专项评价鉴定，确定隧道所处地区的地震动峰值加速度等参数。

［说明］

规定了施工前各阶段隧道工程的地形、地质调查内容。隧道地形、地质调查是综合性的工作，查明测区的工程地质、水文地质条件，对各种不良地质条件做出评价，并提出有效措施或建议，为工程设计提供正确的资料。

由于各类地质问题的复杂程度、规模、性质，自然地理条件的不同，很难划分初、详勘工作的基本内容，实际工作中常互有穿插。条文中只提出了调查内容，应结合实际情况，安排调查内容的深度。一般在初勘阶段，以地质测绘为主要手段，辅以少量的勘探试验，对隧道围岩稳定性做出定性为主的评价，初步划分围岩级别；在详勘阶段，合理采用各种勘探手段，对各类地质现象进行综合分析，互相印证，尽量对隧道工程地质条件做出定量或半定量评估，详细划分围岩级别。

测区存在有害气体或矿体时，按劳动保护、环境保护等条例，查明含量，预测释放程度，以对人体、环境不发生危害为限，超出规定的危害允许值时，须采取必要的防护措施。对气、矿体勘察可与专业技术单位协力合作进行。

4.3.3 川西高原公路隧道水文地质调查评价应包括以下内容：

1. 调查隧址区地表水系、第四系堆积体、地表水汇水区与隧道线位关系；

2. 调查断裂、断层、褶皱、节理裂隙密集发育带等地质构造与隧道的关系，评价其对隧道水文地质条件的影响；

3. 调查地下水发育情况以及地下水位随季节变化情况，评估隧道可能出现的地下水类型以及集中涌水段；

4. 评价可能造成隧道发生冻害的各种水源发育情况。

4.4 气象勘察

4.4.1 应在收集气象资料的基础上，对隧址区进行气象条件初步分析，主要包括工程地点的年平均气温、最冷月平均气温、最低日平均气温、冻结指数、冬季风向及风速、年平均降水(雪)量、雪线、气压(氧含量)

及气压差、冻结深度等。

［说明］

以上气象因素涉及隧道设计与施工，影响隧道方案，是川西高原隧道气象勘察的基本要素。最冷月平均气温、冻结深度、冻结指数、冬季风速风向是隧道抗防冻结构、防排水以及洞口防雪棚所需参数，气压(氧含量)影响隧道施工。

4.4.2　气象资料应采用与隧址区海拔高度相当或条件相似的邻近气象台资料，经论证有必要新建气象站(点)进行观测时，观测周期不得少于一个气象年，且应与本地区既有气象资料进行校核，气象资料统计年限宜不少于近 10 年。

［说明］

气象条件是高原公路隧道设计的基本依据，也是隧道冻害、通风供氧的决定性因素。气象资料统计年限越长对设计越有利，美国相关规范采用 20 年气象资料，俄罗斯相关规范采用 10 年气象资料，本指南提出了最低年限要求。

4.4.3　海拔高度大于 3500 米的特长隧道和海拔高度大于 4200 米的长隧道，宜在隧址区设立气象观测站(点)，并持续收集隧址区气象资料。

［说明］

海拔高度大于 3500 米可能需要考虑抗防冻与供氧措施，气象条件更为复杂，而气象资料往往缺少，所以提出建立气象观测站的要求。

4.4.4　标准冻深 Z_0 应采用隧址区附近或气温条件相近的气象台(站)的多年最大冻结深度平均值，统计年限宜不少于近 10 年。

[说明]

标准冻深可以通过气象资料或气象观测实测获得，年限要求与其他气象要素一致。

4.4.5　隧道设计冻深 Z_d 可按式（4.4.5）计算：

$$Z_d = Z_0 \psi_{zs} \psi_{zw} \psi_{zt0} \tag{4.4.5}$$

式中，Z_d——隧道设计冻深，m；

ψ_{zs}——土质或岩性对冻深的影响系数；

ψ_{zw}——冻胀性对冻深的影响系数；

ψ_{zt0}——地形对冻深的影响系数。

各影响系数按表 4.4.5 查取。

表 4.4.5　冻深影响系数

系数	土质影响系数 ψ_{zs}				冻胀性影响系数 ψ_{zw}					地形影响系数 ψ_{zt0}		
分类	黏性土	细砂、粉砂、粉土	中砂、粗砂、砾砂	碎(卵)石土	不冻胀	弱冻胀	冻胀	强冻胀	特强冻胀	平坦	阳坡	阴坡
取值	1.00	1.20	1.30	1.40	1.00	0.95	0.90	0.85	0.80	1.00	0.90	1.10

4.4.6　围岩（土）冻胀性应根据平均冻胀率 η 的大小划分为不冻胀、弱冻胀、冻胀、强冻胀和特强冻胀五级，并应符合表 4.4.6(a)的规定。

表 4.4.6(a)　围岩冻胀性分级

冻胀类别	不冻胀	弱冻胀	冻胀	强冻胀	特强冻胀
土平均冻胀率 η	$\eta \leq 1$	$1 < \eta \leq 3.5$	$3.5 < \eta \leq 6$	$6 < \eta \leq 12$	$\eta > 12$
岩体平均冻胀率 η	$\eta \leq 0.13$	$0.13 < \eta \leq 0.47$	$0.47 < \eta \leq 0.8$	$0.8 < \eta \leq 1.6$	$\eta > 1.6$

[说明]

根据相关试验结果，−5℃条件下冻土的弹性模量为 0.14～0.59GPa，−5～−20℃条件下冻岩的弹性模量为 4.45～10.12GPa，对比可知冻岩弹性模量是冻土的 7.5～72.3 倍。岩(土)冻胀率可根据《公路土工试验规程》(JTG E40)、《公路工程岩石试验规程》(JTG E41)测试，无实测数据时，可参照表 4.4.6(b)选取。

表 4.4.6(b)　岩体的冻胀率及冻胀性

岩石名称	岩石风化程度	岩石孔隙率	岩石冻胀率	不同围岩条件下的岩体冻胀率				
				I 级	II 级	III 级	IV 级	V 级
泥灰岩	—	16.00～52.00	0.550～1.789	—	—	—	0.60～2.02 中～特强	0.74～2.25 中～特强
凝灰岩	—	12.50～40.00	0.430～1.375	—	—	—	0.48～1.63 中～特强	0.62～1.88 中～特强
页岩	—	0.70～1.87	0.015～0.041	—	—	—	0.02～0.07 无	0.04～0.10 无
	未风化	1.05～1.95	0.023～0.042	0.02～0.04 无	0.02～0.05 无	0.02～0.06 无	0.03～0.07 无	—
花岗岩	微～中风化	1.37～4.94	0.030～0.107	—	0.03～0.11 无	0.03～0.12 无	0.03～0.13 无	0.05～0.16 无～弱
	强～全风化	2.71～17.68	0.059～0.384	—	—	—	0.06～0.40 无～弱	0.08～0.41 无～弱
	未风化	1.51～7.92	0.033～0.172	0.03～0.17 无～弱	0.03～0.17 无～弱	0.03～0.18 无～弱	0.04～0.20 无～弱	—
砂岩	微～中风化	6.44～12.55	0.140～0.272	—	0.14～0.27 弱	0.14～0.28 弱	0.14～0.29 弱	0.16～0.31 弱
	强～全风化	9.16～14.89	0.199～0.323	—	—	—	0.20～0.34 弱	0.21～0.36 弱
	未风化	0.39～3.49	0.008～0.076	0.01～0.08 无	0.01～0.08 无	0.01～0.09 无	0.01～0.10 无	—
玄武岩	微～中风化	0.62～16.90	0.013～0.367	—	0.01～0.37 无～弱	0.01～0.37 无～弱	0.02～0.38 无～弱	0.03～0.40 无～弱
	强～全风化	4.26～48.06	0.092～1.043	—	—	—	0.10～1.04 无～强	0.11～1.04 无～强
	未风化	0.75～1.88	0.016～0.041	0.02～0.04 无	0.02～0.04 无	0.02～0.06 无	0.02～0.07 无	—
石灰岩	微～中风化	1.38～3.36	0.030～0.073	—	0.03～0.08 无	0.03～0.09 无	0.03～0.10 无	0.05～0.13 无
	强～全风化	3.75～4.37	0.081～0.095	—	—	—	0.09～0.12 弱	0.10～0.15 弱
	未风化	5.36～5.78	0.116～0.125	0.12～0.13 无	0.12～0.13 无	0.12～0.14 无～弱	0.12～0.15 无～弱	—
花岗闪长岩	微～中风化	5.60～11.56	0.122～0.251	—	0.12～0.25 无～弱	0.12～0.26 无～弱	0.13～0.27 无～弱	0.14～0.29 弱

续表

岩石名称	岩石风化程度	岩石孔隙率	岩石冻胀率	不同围岩条件下的岩体冻胀率				
				I 级	II 级	III 级	IV 级	V 级
	强～全风化	6.300～16.570	0.137～0.360	—	—	—	0.14～0.37 弱	0.15～0.39 弱
	未风化	0.050～0.100	0.001～0.002	0 无	0.00～0.01 无	0.00～0.02 无	0.01～0.03 无	—
石英岩	微～中风化	0.540～5.900	0.012～0.128	—	0.01～0.13 无	0.01～0.14 无～弱	0.02～0.15 无～弱	0.03～0.18 无～弱
	强～全风化	3.100～15.400	0.067～0.334	—	—	—	0.07～0.35 无～弱	0.09～0.37 无～弱
片麻岩	—	0.300～2.400	0.007～0.052	0.01～0.05 无	0.01～0.06 无	0.01～0.07 无	0.01～0.08 无	0.03～0.11 无
片岩	—	0.020～1.850	0.000～0.040	0.00～0.04 无	0.00～0.04 无	0～0.05 无	0.01～0.07 无	0.02～0.10 无
辉长岩	—	0.290～1.130	0.006～0.025	0.01～0.02 无	0.01～0.03 无	0.01～0.04 无	0.01～0.05 无	0.03～0.08 无
安山岩	—	1.100～4.500	0.024～0.098	0.02～0.10 无	0.02～0.10 无	0.03～0.11 无	0.03～0.12 无	0.04～0.15 无～弱
大理岩	—	0.100～0.600	0.002～0.013	0.00～0.01 无	0.00～0.02 无	0～0.03 无	0.01～0.04 无	0.02～0.07 无

注：表中“无”表示“无冻胀”；“弱”表示“弱冻胀”；“中”表示“冻胀”；“强”表示“强冻胀”；“特强”表示“特强冻胀”。

4.5　物探、钻探及测试

4.5.1　物探应符合以下规定：

1. 地质构造复杂的高原隧道，在收集资料和地质调绘后宜优先开展物探勘察，解译隧道分布的物探异常区，以指导钻探、测试等后续勘察工作的调整，当一种物探方法解译困难时，可增加 1～2 种物探方法进行平行验证。

2. 宜选用地震法、电法等地球物探手段查明断裂、褶皱、可能富水区等的分布及变化特征，并进行现场调查、钻探验证。

3. 隧道物探方法宜按表 4.5.1 选择。

表 4.5.1 物探方法选择表

隧道埋深(m)	主选物探方法	备选物探方法
10～30	电测深法、高密度电法	地震反射波法、瑞利面波法、地质雷达
30～50	高密度电法	地震反射波法
50～100	高密度电法	瞬变电磁法、地震反射波法
≥100	音频大地电磁法	可控源音频大地电磁法、地震反射波法

[说明]

物探主要目的是探测隧址区分布的断裂构造、褶皱核部、富水区等具备物性差异区域。在通过物探发现具有低阻(或高阻)异常的区域后，应修正勘察大纲中初步确定的钻孔等的布置，通过钻探等手段进一步查明其地质条件。

物探方法种类较多，高原隧道勘察时应选择适合隧道勘察、效果好、操作方便的方法。隧道所处地形一般来说起伏较大，在选择物探方法时，隧道埋深 30m 以内推荐使用电测深法，30～50m 范围内推荐使用高密度电法，探测深度 50～100m 范围内推荐使用高密度电法，大于 100m 推荐采用音频大地电磁法(强干扰情况下可选用可控源音频大地电磁法或地震反射波法)；瞬变电磁法目前对异常的埋深及定量解释精度不够，且受地形起伏影响较大，但是由于瞬变电磁不受接地条件影响及对低阻体反应敏感等特性，可作为备选方法或作为平行测试比较方法。在物探勘察发现异常区后，还应配合现场调查、钻探等其他勘察方法进行验证。

4.5.2 钻探应符合下列规定：

1. 钻孔应布置在隧道物探异常区、经调查初步确定的断裂、褶皱重点部位；

2. 孔底应钻至隧道路面设计高程以下不小于 10m 或必须查清的构造部位；

3. 隧道洞身段钻孔，应在设计高程以上 3～5 倍洞径范围内采取岩、土试样，同一地层中，岩、土试样的数量不宜少于6组；隧道进出口段钻孔，应分层采取岩、土试样；

4. 钻孔过程中应注意观测是否有气体冒出，并及时封闭取样测试，以评价有害气体对隧道建设的影响；

5. 地下水发育时，应进行抽(注)水试验，分层获取各含水层水文地质参数并评价其富水性和涌水量。水文地质条件复杂时，应进行地下水位动态观测；

6. 当岩芯采集困难或采用钻探难以判明孔内的地质情况时，应进行孔内综合物探测井；

7. 深埋隧道及初步评价高地应力隧道应进行钻孔内地应力测试；

8. 钻孔内应进行地温测试，提供隧道洞门和排水设计所需的地温资料；

9. 采取地表水和地下水样，做水质分析，评价水的腐蚀性。

4.5.3 测试及试验应符合下列规定：

1. 对于隧道穿越的第四系覆盖层，宜采用动力触探、静力触探、标准贯入等方法，测试土体的地基承载力、摩阻力、密实程度等；

2. 隧道深埋段地应力评价，宜采用深孔内水压致裂法进行岩石地应力测试；

3.应结合地区经验并在完成必要的原位测试后，经综合分析提供岩土参数建议值；

4. 室内试验应根据隧道设计要求和岩土类型选择岩石试验、土工试验、岩土矿物分析、水质分析等试验项目和试验方法，应符合《公路土工试验规程》(JTG E40)、《公路工程岩石试验规程》(JTG E41)等相关标准的规定；

5. 地表出露及钻孔内的煤系地层或碳质岩层，应取样进行岩层生烃能力测试，以进一步评价隧道有害气体情况；

6. 应采取地表水、地下水样进行水质成分检测，评价水对混凝土和钢筋的腐蚀性；

7. 隧道工程地质勘察宜在工地设置试验室，无条件设置时，试样不得因长时间存放或长距离运输影响试验数据的真实性；

8. 试验项目可按表 4.5.3 选择。

表 4.5.3 试验项目选择表

测试项目＼地层		土体	岩体
颗粒分析		(+)	
天然含水率 w(%)		+	
密度 ρ(g/cm^3)		+	+
塑限 W_p(%)		+	
液限 W_L(%)		+	
压缩系数 a(MPa^{-1})		(+)	
剪切试验	粘聚力 c(kPa)	(+)	(+)
	内摩擦角 φ(°)	(+)	(+)
自由膨胀率 Fs(%)		(+)	(+)
孔内波速 Vp(km/s)			+
岩石单轴饱和抗压强度 R_C(MPa)			+
矿物成分分析		(+)	(+)

注：“+”必做项目；“(+)”选做项目；

第五章　隧 道 设 计

5.1　一 般 规 定

5.1.1　川西高原公路隧道选线除考虑地形与地质条件外，还应考虑气象因素，实现“地形、地质与气象选线”目标。

[说明]

川西高原隧道应遵循“气象选线”原则。

5.1.2　川西高原公路隧道方案应综合考虑风向、气温、最大冻结深度等自然环境的影响，合理选择隧道海拔高度与隧道规模。

5.1.3　川西高原公路隧道设计应考虑节能降耗，利于防灾救援和管理养护的要求。

5.1.4　川西高原公路隧道设计应减少对自然环境的破坏，保持自然景观和人文景观相协调。

5.1.5　隧道支护衬砌设计应注意体现动态设计与信息化施工。

5.2　总 体 设 计

5.2.1　川西高原公路隧道位置应选择在稳定的地层中，避免穿越工程地质和水文地质复杂、浅埋、偏压以及严重不良地质地段。

5.2.2 川西高原公路隧道应根据地质、地形、路线走向、通风等因素确定隧道平面线形。设曲线时，不宜采用设超高的平曲线。在《公路隧道设计规范》JTG 3370.1 所规定的基础上适当提高平面设计指标要求。

[说明]

川西高原隧道洞口可能存在积雪积冰问题，影响行车安全，所以提出平面指标适当提高的要求。

5.2.3 川西高原公路隧道纵坡应考虑行车安全、运营通风规模、施工作业和排水要求，在满足《公路隧道设计规范》JTG 3370.1 的基础上，洞口抗防冻段纵坡不宜小于 1.0%。

[说明]

适当加大隧道纵坡以提高洞口段水流速度，可减少结冰的可能性，所以提出加大洞口抗防冻段纵坡的要求。

5.2.4 川西高原公路隧道建筑限界应按《公路隧道设计规范》JTG 3370.1 确定。隧道内轮廓断面应结合防冻保温层厚度和后期运营养护维修等因素进行设计，抗冻设防段内轮廓宜比普通环境段增大 10cm 设计。在条件允许的情况下，普通环境段可按抗冻设防段的内轮廓设计。

[说明]

隧道建筑限界应统一，抗冻设防段内轮廓增大 10cm 设计存在一定相对的富余量。

5.2.5 川西高原公路隧道应根据实测气温及冻结深度采取针对性设防措施，无实测资料时可按表 5.2.5 确定。

表 5.2.5　川西高原公路隧道抗防冻措施

隧道分级标准		海拔高度(米)	结构保温	防排水	围岩注浆
一般海拔隧道	GI 型	≤2100	不采用	正常措施	不采用
高海拔隧道	GII-1 型	2100～2800	不采用	选用	不采用
	GII-2 型	2800～3500	选用	水沟加深	选用
	GII-3 型	3500～4200	采用	深埋水沟	采用
超高海拔隧道	GIII 型	≥4200	采用	深埋水沟或防寒泄水洞	采用

[说明]

参考川西隧道科研与工程实践总结。

5.2.6　川西高原公路隧道应根据实测隧址区含氧量采取针对性设防措施，无实测资料时可按表 5.2.6 确定。

表 5.2.6　隧道供氧措施选取表

隧道分级标准		海拔高度(米)	重体力劳动人员	一般人员	供氧方法
一般海拔隧道	GI 型	≤2100	不供氧	不供氧	—
高海拔隧道	GII-1 型	2100～2800	不供氧	不供氧	—
	GII-2 型	2800～3500	宜供氧	不供氧	背负式+移动供氧车
	GII-3 型	3500～4200	供氧	宜供氧	弥散式+移动供氧车
超高海拔隧道	GIII 型	≥4200	供氧	供氧	弥散式+分布式+移动供氧车

[说明]

参考《高原地区室内空间弥散式供氧(氧调)要求》(GB/T35414)，《西藏自治区民用供氧工程设计标准》(DBJ540004)，结合雀儿山隧道、巴朗山隧道施工经验提出。

5.3　洞口及洞门设计

5.3.1　洞门设计应符合下列规定：

1. 隧道洞口宜选择向阳、不易积雪、易排水位置。

2. 在降雪量较大地区，隧道洞口不宜设在边坡和仰坡较为陡峻的位置，以免受到雪崩威胁。

3. 不宜采用削竹式洞门，可适当接长明洞采用端墙式或环框式洞门。

4. 受积雪或风吹雪影响的槽谷或路堑中的洞口外两侧宜设置不小于5m宽的积雪、堆雪平台。

5. 洞口与风向小角度相交时，宜设置防雪棚或防雪棚洞，条件许可宜接长明洞。

6. 端墙或翼墙式洞门的端、翼墙位于冻胀性土时，应验算其强度及稳定性，或采用挖除、换填等减少冻胀力的措施。

7. 隧道进出口路面宜增设防滑或防结冰措施。

[说明]

适当接长明洞采用端墙式或环框式洞门是为了尽可能减少积雪或风吹雪影响。

洞口外两侧宜设置不小于5m宽的积雪、堆雪平台，既可以改变洞口的地形条件以减少风吹雪掩埋洞口路面的危害，又可作为除冰雪临时堆放平台，迅速恢复道路交通。

寒冷地区，尤其是严寒地区，隧道滴水、风力或汽车轮胎带入隧道的冰雪及其他滞水将使路面结冰，降低轮胎与路面的附着力，恶化隧道的营运条件，危及行车安全，有必要在隧道进出口路面增设防滑或防结冰措施。

5.3.2 洞门墙设计时，台背填料、基础埋置深度应符合下列规定：

1. 洞门墙台背填料应优先选用砂性土、砂砾、碎(砾)石、粉煤灰等渗水性强的填料，并加密泄水孔；

2. 当冻结深度小于或等于1m时，洞门墙基底应在冻结线以下不小于 0.25m，并应符合基础最小埋置深度不小于 1m 的要求；

3. 当冻结深度超过 1m 时，基底最小埋置深度不小于 1.25m，还应将基底至冻结线以下 0.25m 深度范围的地基土换填为非冻胀材料。

5.3.3　洞口边仰坡设计应符合下列规定：

1. 洞顶回填边坡坡度一般根据回填高度、填料或当地土质的物理力学性质、施工方法等因素，并结合自然稳定边坡、人工边坡的调查及力学分析方法综合确定；回填料应采用非冻胀性或弱冻胀性砂性土或砂砾土等粗颗粒土；

2. 挖方边仰坡坡度宜根据降水、土质及冰冻条件适当放缓，挖方边坡坡率宜采用 1∶1～1∶1.5，填方边坡坡率宜采用 1∶1.5～1∶1.75；

3. 应根据边坡稳定情况和周围环境确定边坡坡面防护形式，边坡防护应采取工程防护和植物防护相结合的措施，稳定性差的边坡应设置支挡工程。

[说明]

季节性冰冻地区处于不良水文及水文地质条件下的土质边仰坡，因表层融化而底部仍处于冻结状态，不利于融水的下渗，水分蓄积在融化层内，使土体处于饱和状态，加之反复冻融的影响，土体抗剪强度很低，这种情况下极易发生融化层的滑移破坏，并且设有坡面防护的工程，也常因边坡融化层的滑移而遭破坏。因此，季节性冰冻地区重要工程的高边坡，在土质和自然条件不良的情况下宜进行边坡的抗融滑验算，以掌握边坡的冰冻稳定性，并采取有效措施进行预防。

5.3.4　冻胀严重的边仰坡宜选择适合当地气候环境的植物防护；当采用网格式或拱式骨架护坡时，宜采取锚固措施。

5.3.5　明洞设计应符合下列规定：

1. 明洞应采用带仰拱的封闭式断面；

2. 明洞荷载除应满足《公路隧道设计规范》JTG 3370.1 要求外，还应重点考虑冻胀力；

3. 地下水发育的冻胀性围岩地段，明洞衬砌宜采用掺纤维的钢筋混凝土；

4. 明洞两侧回填土应采用非冻胀性粗颗粒土，厚度一般不小于 2.0m；

5. 明洞回填应做好防水隔水处理，防止地表水下渗；明洞顶应设挡水坝或截排水沟，防止地表水渗入明洞两侧；

6. 明洞回填层厚度宜大于最大冻结深度或通过热工计算设置保温隔热材料。

5.3.6 洞门墙、洞外截排水工程应符合下列规定：

1. 洞门墙、洞外截水沟、洞顶排水沟应采用混凝土或钢筋混凝土结构，强度等级一般不小于 C30；

2. 洞门墙应验算其强度及稳定性，洞门墙背后采用隔热性能材料回填密实；

3. 适当加大水沟尺寸，水沟断面宜小于 50cm×50cm。

[说明]

根据实际工程经验，洞门墙、洞外水沟等采取保温措施困难，往往更容易造成冻融破坏，所以需要提高强度或采取其他抗冻措施，如在混凝土中增加添加剂或在表面混凝土涂刷抗冻剂。

5.4 隧道抗防冻衬砌结构

5.4.1 川西高原 GII-3 型和 GIII 型隧道结构设计除满足常规技术要求外，还应考虑冻胀和融沉的影响，通过工程类比和计算综合分析确定衬砌结构类型和尺寸。

[说明]

《公路隧道设计规范》(JTG 3370.1-2018)规定，最冷月平均气温低于-15℃地区的隧道应考虑冻胀力，冻胀力作为可变荷载，主要体现在荷载短期效应组合中：结构自重+附加恒载+围岩压力或土压力+混凝土收缩或徐变力+温度荷载+冻胀力。

冻胀力无实测数据时，可参照附录C公式计算。

5.4.2 对于抗冻设防段，其衬砌设防段落长度应向非设防段或设防等级较低段延伸不小于15m。

5.4.3 川西高原公路隧道抗冻设防段宜采用复合式衬砌或整体式衬砌结构。

[说明]

《公路隧道设计规范》(JTG 3370.1-2018)规定：高速公路、一级公路、二级公路隧道应采用复合式衬砌，三级及三级以下公路的隧道洞口段、Ⅳ～Ⅵ级围岩洞身段应采用复合式衬砌或整体式衬砌，Ⅰ～Ⅲ级围岩洞身段可采用喷锚衬砌。为进一步提高川西高原公路隧道衬砌结构对冻胀力可变荷载的抵抗作用，本指南规定各级公路隧道抗冻设防段均采用复合式衬砌或整体式衬砌结构。

5.4.4 川西高原GII-3型和GIII型隧道抗防冻的初期支护设计应符合下列规定：

1. 喷射混凝土最小厚度应不小于10cm，并选用中低温抗冻快凝混凝土，强度等级一般不小于C25；

2. 喷射混凝土中钢筋网间距宜为15～20cm；

3. 对滴水、渗漏水地段，应采用径向注浆、后注浆等措施；

4. 初期支护与围岩间及初期支护内应密实。

5.4.5 川西高原 GII-3 型和 GIII 型隧道抗防冻的二次衬砌设计应符合下列规定：

1. 二次衬砌与初期支护间及二次衬砌内应密实，防冻设防段应进行衬砌背后注浆；

2. 二次衬砌应采用防水钢筋混凝土，强度等级不小于 C30；

3. 二次衬砌宜采用等厚、圆顺的断面形式；

4. 边墙拱部应一次浇筑成型，不得留有纵向施工缝(含施工冷缝)；

5. 衬砌纵向分段长度不宜大于 12m，其与仰拱的沉降缝、伸缩缝、施工缝宜在同一位置；

6. 隧道防冻设防段应采取措施严格控制衬砌开裂及裂缝宽度。

[说明]

隧道二次衬砌主要承受后期继续增加的围岩压力，使隧道衬砌长期稳定。一般情况下，由初期支护传给二次衬砌的荷载分布比较均匀，故二次衬砌宜采用等厚、圆顺断面。

5.5 保温构造设计

5.5.1 川西高原公路隧道防冻保温构造宜采用表面铺设防冻隔热材料方式，防冻保温层厚度应根据实测黏土最大冻结深度按式(5.5.1)计算确定：

$$\frac{1}{\lambda_1}\ln\frac{r+\delta_1}{r}=\frac{1}{\lambda}\ln\frac{r+\delta}{r} \tag{5.5.1}$$

式中，δ——防冻保温层的厚度，m；

δ_1——黏土最大冻结深度，m；

λ_1——围岩的导热系数，W/(m·°C)；

λ——防冻保温层的导热系数，W/(m·°C)；

r——隧道的当量半径，m；

[说明]

防冻保温层厚度计算是依据绝热原理，对于不同导热性能的两种材料(围岩和防冻保温层)，欲使其隔热效果相同，令其热流量相同，即同一热流量通过不同导热性能、不同厚度的材料，根据两侧的温差相等，可解出这两种材料的等效厚度。隧道是个管状结构，且隧道围岩的冻结深度较大，故可按圆筒计算其热流量。对于隧道横断面方向的热传导，可以近似认为是温度只沿径向变化的一维圆筒热传导问题。

保温法可采用在衬砌表面或初期支护与二次衬砌之间设置隔热材料两种方式，通过科研与工程实践，衬砌表面设置隔热材料更有利于施工与维护，所以川西高原隧道推荐此方式。

寒冷地区公路隧道保温层厚度应综合计算分析和工程类比确定。

5.5.2 防冻保温层长度设计宜按照以下规定：

1. 宜根据隧道内温度场实测数据，确定防冻保温层设置长度。

2. 若无实测资料，可采用经验公式法、气象解析法和有限元模拟计算法确定。

3. 隧道防冻保温层设置长度宜根据通风风向进行修正。

[说明]

经验公式法、气象解析法和有限元模拟计算法取得的保温段长度结果，可在设计阶段应用。工程实施阶段，在隧道贯通后，通过一段时间(至少一个气象观测年)的实测，取得隧道纵向温度分布曲线和衬砌背后围岩温度分布，依据实测资料修正衬砌表面铺设防冻保温层段长度。经验公式法推荐采用黑川希范公式，见式5.5.2:

$$L=155\times(-t)^{0.604} \tag{5.5.2}$$

式中，L——保温段长度，m；

t——洞口温度，即最冷月平均气温，℃。

通过10余座川西已运营公路隧道测试，结果表明最冷月隧道洞口段平均风速和风向对纵向温度影响较大，在黑川希范公式基础上可按表5.5.2设置保温设防长度。

表5.5.2 不同风向、风速下保温设防长度建议值

洞口最冷月平均温度(℃)	最冷月隧道洞口段平均风速(m/s)						
	<-5	-5～-2	-2～0	0	0～2	2～5	>5
	长度(m)						
0～-5	150～350	150～350	0～350	0～400	450～600	600～1000	>1000
-5～-10	250～350	250～350	300～550	400～650	500～1050	800～1650	>1650
<-10	>300	>300	>500	>650	>800	>1150	>1650

注：1. 表格在黑川希范公式计算长度基础上修正。
2. 洞口段平均风速由洞口吹向洞内为正，反之为负。

5.5.3 隧道防冻保温设计应符合以下规定：

1. 隧道防冻及保温设计应遵循防水、排水、保温综合治理的原则，结合隧址区气候、水文地质条件、施工条件和工程经济性等因素确定防冻保温层设计方案。

2. 对于结构加固的既有隧道，应将加固设计与防冻保温层设计综合考虑。

3. 防冻保温层设计内容包括结构构造、保温材料的选择、防冻保温层的厚度计算和防冻保温层设置长度的确定。

4. 防冻保温层设计应将保温层、保护层和固定材料(胶黏剂、锚固件等)作为系统构造综合设计，其功能应满足防冻、防潮、防火、牢固可靠的工程基本要求。

5. 隔热防冻工程的密封和防水构造设计应满足相关要求。

[说明]

隧道保温构造设计时，除了保温层要能满足防冻的基本要求外，还应考虑防火、防潮。同时，需要用固定材料将其牢固定在衬砌表面，设计中应充分考虑固定件的防锈和冷桥影响。

有条件时，应对临近既有隧道温度场现场实测，隧道温度场现场测

试的项目包括隧道洞内外气温、衬砌表面和内部温度、围岩内部温度、洞内外风速和风向等。测试仪表、探头包括：温度计、风句风速表、测温探头、测温仪表等。应在隧道洞内每隔一定距离布置 1 个测试断面，每个测试断面分别在拱顶、拱腰、边墙和路面布置测点，在隧道洞外距洞口 50m 处测试洞外气温、风速和风向。

5.5.4 防冻保温层构造应从衬砌表面起依次施做固定件、保温层、表面防火板，可参考图 5.5.4。

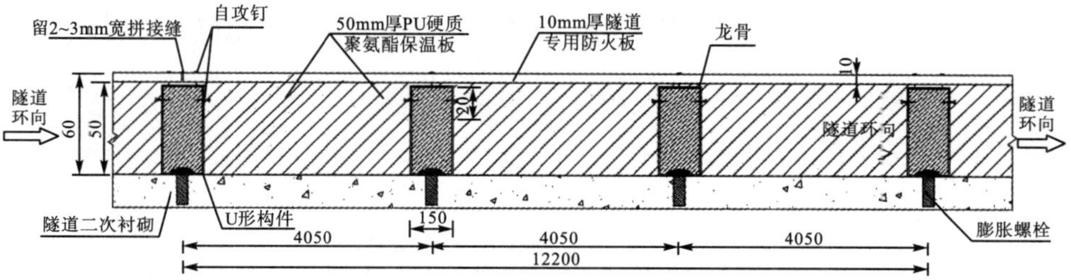

图 5.5.4 衬砌表面铺设方式

5.5.5 隧道防冻保温构造系统应符合以下性能要求：

1. 防冻保温构造应能承受隧道风荷载的作用。

2. 防冻保温构造与衬砌应粘结牢靠，不得产生面层剥落、保护层脱落、裂缝等破坏。

3. 在正确使用和维护的条件下，防冻保温层的使用年限不应少于 25 年。

4. 防冻保温系统应能适应基层的正常变形而不产生裂缝或空鼓，并能长期承受自重作用而不产生有害的变形，同时应能耐受外界气候的长期反复作用而不产生破坏。

5. 防冻保温系统在地震发生时不应从基层上脱落。

6. 防冻保温系统应采取防火构造措施。

7 防冻保温系统应具有防潮性能。

8. 防冻保温系统各组成部分应具有物理、化学稳定性。所有组成材料应彼此相容并具有防腐性。

5.6 防水与排水设计

5.6.1 川西高原公路隧道防水与排水应符合下列规定：

1. 防排水设计应遵循“以防为主，防、排、截、堵结合，综合治理”的原则，妥善处理地表水、地下水，洞内外防排水系统应完整通畅。

2. 隧道排水系统应满足防冻设防地段隧道排水的有关防冻要求，洞口地段排水系统应增加保温措施，对排水沟应采取保温水沟、中心水沟加深、中心深埋水沟、防寒泄水洞、主动加热等保温防寒措施。

3. 排水沟形式应按实测黏性土最大冻结深度确定，若无实测资料可参照表 5.6.1 的规定选用。

表 5.6.1 排水沟形式选择表

隧道分级标准		海拔高度(米)	黏性土最大冻结深度(cm)	主排水沟形式
一般海拔隧道	GI 型	≤2100	≤35	一般水沟
高海拔隧道	GII-1 型	2100～2800	35~65	保温水沟
	GII-2 型	2800～3500	65~100	水沟加深
	GII-3 型	3500～4200	100~135	深埋水沟
超高海拔隧道	GIII 型	≥4200	≥135	深埋水沟或防寒泄水洞

4. 隧道应设置完善的防排水系统，并应具备相应的保温性能，防止冬季水流冻结、地层冻胀引起隧道衬砌冻害及洞口发生挂冰现象。

[说明]

川西高原隧道的技术难题是防止围岩冻结、冻胀以及洞内渗漏水结冰的产生，保证隧道衬砌不被破坏及隧道运营环境安全，加强防水、保温、排水等措施是避免高原公路隧道冻胀及结冰病害的有效方法。

5.6.2 川西高原公路隧道衬砌防、排水系统应符合下列规定：

1. GII-3 型以上隧道防冻设防段的二次衬砌应采用抗裂、防渗、抗冻的低温早强高性能防水混凝土，二次衬砌混凝土抗渗等级不得低于

P10。

2. GII-3 型以上隧道防冻设防段的二次衬砌应加强“三缝”处理，除应符合一般隧道规定的防水设防要求外，宜增设一道防水措施，采用组合形式的防水构造。

3. 在初期支护及二次衬砌之间应设置防水板及无纺布，防水板的厚度不小于 1.5mm，接缝搭接长度不小于 200mm，分段铺设的防水板的边缘部位应预留至少 250mm 的搭接余量，无纺布单位面积质量不小于 $300g/m^2$。防水板搭接缝应与衬砌施工缝错开不小于 80cm。

4. 防冻设防段宜将衬砌背后环向排水管直通路面下的中心排水沟，纵向排水管经三通向横向排水管汇水。

5. 防冻设防段纵向、横向排水管宜采用防潮、环状保温层进行保温。

［说明］

混凝土的受冻破坏和侵蚀破坏与水的渗透有着密切的关系，因此在寒冷、侵蚀环境中提高混凝土的抗渗等级有利于提高混凝土的耐久性能。GII-3 型以上隧道衬砌经常受冻胀影响，当气温低、昼夜温差大时，在冻融循环作用下，其表面剥蚀现象比一般地区严重，加之侵蚀作用的影响也会加重混凝土的破坏。川西高原公路隧道考虑冻融环境对结构耐久性的影响，保证隧道长期安全使用，因此需要在衬砌混凝土表面设置保温措施，必要时再采用混凝土中加入添加剂或表面抗冻剂以提高混凝土耐久性。

隧道二次衬砌施工缝、沉降缝、伸缩缝是防水的薄弱部位，高原公路隧道加强“三缝”处理十分重要，因此强调在常规防水设计的基础上增设一道防水措施形成组合防水构造。如：施工缝、沉降缝宜采用中埋式止水带+背贴式止水带组合形式防水构造。

5.6.3 保温水沟和中心水沟加深设计应符合以下规定：

1. 保温水沟宜采用小于隧道内最大冻结深度的浅埋方式设置，其设置长度一般应根据隧道的长度、水量大小、水温、隧道所处地区寒冷季节的主导风向、水沟坡度等因素综合考虑确定。

2. 中心水沟加深是采取大于隧道内最大冻结深度的深埋方式设置，其埋设深度一般在仰拱之上，往往需要加深仰拱曲率处理。

3. 隧道洞口实测最大冻结深度在 35～100cm 时宜采用保温水沟或中心水沟加深，中心水沟加深后顶部宜低于计算最大冻结深度，水沟设置长度不宜低于 300m。

4. 保温水沟结构形式应与隧道衬砌断面设计相配合。水沟上部应设置双层盖板，两层盖板间应充填保温材料，其厚度不宜小于 35cm。

5. 保温水沟底纵坡一般与隧道纵坡一致。设保温水沟的隧道与洞外暗沟连接时，洞外暗沟坡度不应小于 2%。

6. 保温材料宜采用蛭石混凝土、矿渣、沥青玻璃棉、矿渣棉、泡沫聚氨酯、泡沫塑料等，保温材料应具有阻燃特性，并应有防潮措施。

7. 保温水沟应设置检查井，检查井间距宜为 50～100m，且避开施工缝、沉降缝和变形缝。断面形式可采用方形或圆形，检查井下应设沉淀池，检查井应设双层盖板，两层盖板间应填塞泡沫塑料或其他保温材料。

[说明]

因隧道内仰拱及仰拱回填材料混凝土导热系数高于洞外天然岩土，洞内冻结深度往往大于洞外黏性土的最大冻结深度，设计要求水沟加深后顶部低于计算洞内最大冻结深度。

一般可采用以下三种防潮措施：设置防潮层，将沥青玻璃棉等保温材料用沥青玻璃布包裹起来；将保温材料定期进行翻晒；有渗漏水地段将水沟盖板用水泥砂浆勾缝或沥青涂抹，以防水渗入保温材料。

5.6.4　深埋水沟设计应符合以下规定：

1. 深埋中心水沟应深埋于隧道内冻结深度以下，水沟断面形式应根据地质条件选用 U 形、圆形、矩形或拱形，其断面尺寸应根据水力计算确定。矩形断面不宜小于 40cm×40cm（高×宽），圆形断面内径不宜小于 40cm。

2. 中心水沟纵向坡度宜与线路坡度一致，且不得小于 1%。

3. 水沟埋置深度应结合当地气温、最大冻结深度、水量、水温、水沟坡度，以及隧道走向与寒冷季节主导风向等条件确定，实测最大冻结深度在 100～135cm 时宜采用深埋中心水沟，中、短隧道应全长设置，长、特长隧道设置长度不宜小于 500m。

有实测资料时，根据实测隧道内气温和冻结深度按式（5.6.4）确定深埋水沟沿隧道轴向的最小埋深。

$$h_x = Kh_0 \frac{T_x}{T} \tag{5.6.4}$$

式中，h_x——隧道洞内距离洞口 x 处水沟最小埋深，m；

h_0——隧道所在地区的最大冻结深度，m；

T_x——隧道洞内距离洞口 x 处最冷月平均气温，℃；

T——隧道所在地区最冷月平均气温，℃；

K——与岩性有关的冻结深度系数，黏性土取 1.0，砂性土取 1.1～1.3，岩石取 1.3～2.0。

4. 中心深埋水沟周边的回填直接影响到水沟的使用功能，水沟宜采用混凝土基座固定，回填材料除需满足保温、渗水性好、方便施工的要求外，还应防止石屑、泥砂渗入水沟引起水沟淤积。

5. 深埋中心水沟应设置检查井，检查井间距宜取 30～50m，断面形式可采用方形或圆形，检查井下应设沉淀池，以便清淤，检查井应设双层盖板，两层盖板间应填塞泡沫塑料或其他保温材料。

[说明]

长、特长隧道采用深埋中心水沟时，设置长度通常不宜小于 500m，出风端和排水端洞口设置长度可适当缩短。

实践表明：采用在水沟附近以级配骨料分层回填，上面覆盖弃渣，效果较好。

5.6.5 防寒泄水洞设计应符合以下规定：

1. 防寒泄水洞宜设置于隧道中心线底部。

2. 防寒泄水洞的结构尺寸、支护参数应根据实际泄水量、施工条件、地质条件和埋置深度等因素综合确定，且断面尺寸不宜小于2m×2m。

3. 防寒泄水洞的埋置深度应低于围岩最大冻结深度，并不得影响隧道底部稳定。

4. 防寒泄水洞应设铺底，拱部及边墙应留有足够的泄水孔，其间距不宜小于 1m。地下水水量较大处应增设泄水竖井或盲沟，并通过横向导洞排入中心泄水洞。若围岩中有细小颗粒可能流失时，衬砌背面应设置反滤层。

5. 防寒泄水洞宜每隔 200～250m 设一检查井，检查井应设双层盖板，盖板之间应填塞保温材料。为防止防寒泄水洞本身冻结，泄水洞衬砌宜铺设保温隔热层，进出口应设置防寒保温门。

[说明]

防寒泄水洞一般置于隧道路面以下 4～6m，不宜埋置过深，一方面增加投资，另一方面不方便检修。

5.6.6 中心水沟加深、中心深埋水沟、防寒泄水洞、洞外暗沟，均应设保温出水口。保温出水口设计应符合以下规定：

1. 选择背风、朝阳、排水通畅的位置设置保温出水口，纵坡宜大于 5%；

2. 保温出水口有端墙式及掩埋保温圆包头式两种，出水口地段较陡时宜采用端墙式；地形平坦宜采用掩埋保温圆包头式；

3. 尽可能增大排水坡度；

4. 表面用沥青涂黑或采用稻草等覆盖；

5. 出水口外侧铺设岩棉保温层；

6. 必要时设计可主动加热的出水口。

5.6.7　GII-3 型以上隧道防冻设防段宜采取注浆加固围岩抗防冻措施。注浆措施应符合以下规定：

1. 施工前或施工初期应进行生产性注浆试验。

2. 宜采用开挖后径向注浆方式，注浆在隧道初期支护完成后施作。

3. 隧道注浆止水材料应具有一定的抗压、抗拉强度，抗渗性、抗冲刷及耐老化性能好，浆液固化时无收缩现象。

4. 可采用低压注浆，注浆压力宜控制在 0.3～0.5MPa，有承压水的地层注浆压力可适当提高，注浆范围宜大于最大冻结深度 0.5～1m。

［说明］

生产性注浆试验的目的是验证注浆工程施工图设计和施工组织设计，优化注浆技术参数。

注浆目的主要是加固围岩、填充裂隙，减少空隙的储水空间从而减小冻胀力，所以一般采取开挖后注浆、低压注浆即可达到目的。

5.7　运营通风与施工供氧设计

5.7.1　川西高原公路隧道运营通风需风量计算时，海拔高度系数宜按实测值选取，实测通风海拔高度系数详见附录 E。

［说明］

实测通风海拔高度系数来源于西部科研项目“高海拔地区复杂地质条件下公路隧道设计与施工技术”研究成果。另外，由于随着海拔高度升高，CO 或烟尘的控制标准有所降低，所以设计供风量应在理论计算需风量基础上适量增大。

5.7.2 川西高原公路隧道运营通风设计可不考虑换气频率要求。

[说明]

根据相关科研成果，川西高原公路隧道交通量相对较小，换气频率可不作为通风控制工况。

5.7.3 川西高原公路隧道应根据实测隧址区含氧量(大气压)制定施工制氧供氧方案，若无实测资料时，可参考表5.2.7细化制氧供氧设计。

[说明]

前期科研成果，结合雀儿山隧道、巴朗山隧道施工经验提出。

5.7.4 高原隧道施工人员供氧应根据海拔高度和劳动强度确定，从事较大劳动强度的人员和室内办公人员生理等效高度宜分别控制在2800m和3500m，参考表5.7.4。

表5.7.4 高原供氧标准参考值

海拔高度(m)	大气压力		室内工作人员供氧标准		重体力劳动人员供氧标准	
	(mmHg)	(kPa)	气管氧分压(kPa)	生理等效高度(m)	气管氧分压(kPa)	生理等效高度(m)
2100	589	78.5	15.22	2100	15.22	2100
2800	539	71.9	13.87	2800	13.87	2800
3500	494	65.8	12.61	3500		
4200	450	60.0				
5000	375	50.0				

[说明]

前期科研成果，结合隧道施工现场实际情况提出。

5.7.5 川西高原公路隧道制氧方式宜采用变压吸附法(PSA)或更高效的制氧方法。制氧机能满足在2000～5000m海拔时正常运行，设备适应温度在-30～40℃。

［说明］

通过调研研究，目前高海拔大规模制氧时一般都采用变压吸附法。

5.7.6　洞口海拔高度大于 3500m 的隧道，宜制定隧道施工制氧供氧专项方案，内容包括制氧方式、生活区供氧、隧道内供氧以及人体供氧等。

［说明］

通过科研研究和工程实践，海拔超过 3500m 时多数人都有不同程度的缺氧反应，本指南建议海拔高度超过 3500m 时需要制定制氧供氧专项方案。

5.7.7　洞口海拔高度大于 4200m 的隧道，除需要考虑完备的制氧供氧系统外，应建立完备的医疗保障体系，成立医疗队，配备专业医务人员和高原医疗设备。

［说明］

前期科研成果，结合隧道施工现场经验，体现“以人为本”的建设理念。

第六章 隧道施工

6.1 一般规定

6.1.1 隧道施工前，应熟悉设计文件，领会设计意图，做好现场调查和图纸核对工作。

6.1.2 川西高原隧道编制施工组织设计时，应充分考虑隧道海拔高度、长度和断面、工期要求、地质条件和隧址区气象条件等，确定合理的施工方法和施工进度，配备适应人员及设备。

［说明］

川西高原隧道所处气象条件对隧道工期影响大。

6.1.3 高原隧道施工时应制订安全制度和应急预案，加强施工通风、制氧供氧、冬季施工与施工人员的防护工作。

［说明］

川西高原隧道施工应充分考虑缺氧对人员、设备的影响。

6.1.4 高原隧道穿越季节冻土、断层破碎带、富水地层等诸多不良地质时，施工前应制定专项施工技术方案。

6.1.5 隧道施工中应密切注意冻土及地下水等的变化情况，当施工方法或支护结构不适应于实际围岩状态时，应及时调整施工方法或支护结构。

[说明]

川西高原由于低温和地下水组合作用对围岩和支护稳定性影响大，施工时应高度重视。

6.1.6　在施工过程中应随时积累资料、数据，做好各道工序的原始记录。

6.1.7　施工中应采取环境保护措施，并符合环境保护的有关规定。

6.2　施工准备

6.2.1　高原隧道施工前应做好现场调查工作，根据调查情况编写施工调查报告，施工调查应包括以下内容：

1. 隧址区气象条件、环境条件、温差变化特点及冻土深度等。
2. 隧道施工对地表和周边环境的影响。
3. 交通运输条件和施工运输便道的调查。
4. 施工场地布置与洞口相邻工程、弃渣利用、农田水利、征地等的关系。
5. 建筑物、道路工程、水利工程和电讯、电力线等设施的拆迁情况和数量。
6. 调查和测试水源、水质并拟定供水方案。
7. 天然筑路材料(黏土、砂砾、石料)的产地、数量、质量鉴定及供应方案。
8. 电力、通信、机具车辆维修、物资、消防、劳动力、生活供应及医疗卫生条件。
9. 当地气象、水文资料及居民点的社会状况和民族风俗。

6.2.2　施工单位应全面熟悉设计文件，掌握工程的重点和难点，进行现场核对，做好以下工作：

1. 复查对隧道施工和环境保护影响较大的地形、地貌、工程地质及水文地质条件是否符合实际，保护措施是否恰当。

2. 核对隧道平面、纵断面设计，了解隧道与所在区段的总体平面、纵断面设计的关系。

3. 核对洞门位置、型式、衬砌类型是否与洞口周围环境相适应。

4. 核对设计文件中的施工方法、技术措施与施工实际条件是否相符合。

5. 核对洞外排水系统、防寒保温设施布置是否与地形、地貌、水文、气象等条件相适应。

6. 会同设计单位现场交接和复查测量控制点、施工测量用的基准点及水准点，并定期进行复核。

6.2.3 施工组织设计内容应包括施工方法、工区划分、场地布置、进度计划、工程数量、人员配备、主要材料、高原隧道施工机械设备、通风供氧方案与设备、电力和运输，以及安全、质量、环保、工期等保障措施。

［说明］

川西高原隧道施工组织设计内容应充分考虑气象条件(海拔高度)，进行人员、施工机械设备配备和通风供氧方案制定。

6.2.4 隧道开工前应绘制施工场地总布置图。施工场地布置应结合工程规模、工期、地形特点、弃渣场和水源等情况，本着因地制宜、充分利用地形、合理布置、统筹安排的原则进行，危险品库房按有关规定办理。

6.2.5 临时工程施工，应符合下列要求：

1. 临时工程应在隧道开工前基本完成；

2. 运输便道需引至洞口，满足使用期限运量和行车安全的要求，并经常养护，保证畅通；

3. 风、水、电设施应靠近洞口，安装机械和管线应按有关规定布置，并及早架设；

4. 临时房屋应结合季节和地区特点，选用定型、拼装或简易式建筑，并能适应施工人员工作和生活的需要；

5. 严禁将临时房屋布置在受洪水、泥石流、坍方、滑坡及雪崩等自然灾害威胁的地段。临时房屋的周围应设有排水系统，并避开高压电线。生活用水的排放，不得影响施工，并防止产生次生灾害。

6.2.6　为了应对施工过程中的突发事故，应编制相应的应急预案，并配备相应的资源。

6.2.7　施工前应结合工程特点和新材料、新技术、新工艺的推广应用等情况，对职工进行安全教育、技术交底和培训。

6.3　隧道施工通风

6.3.1　隧道施工通风应纳入工序管理，成立专门的通风班组，由专人负责管理。

6.3.2　隧道施工通风量应按隧道通风海拔修正系数计算，海拔修正系数见附录 E。通风机、风管应与隧址区气压值相适应。

［说明］

通风机应选取与气压相匹配的风机。

6.3.3　高原隧道施工独头掘进长度超过 100m 时，应采用机械通风。独头掘进长度超过 1000m 的隧道，应进行施工通风专项设计。

［说明］

高原隧道施工排污量大，应尽早进行机械通风。

6.3.4　隧道施工作业环境应符合《公路隧道施工技术规范》(JTG F60)的规定，一氧化碳浓度还应满足以下要求：海拔小于2100m的地区(GI)，一氧化碳最高容许浓度为20mg/m^3；海拔在2100～4200m的地区(GII)，一氧化碳最高容许浓度为15mg/m^3；海拔大于4200m的地区（GIII），一氧化碳最高容许浓度为12mg/m^3。

［说明］

基于科研成果与工程实践，确定与海拔高度分级相应的施工期间一氧化碳浓度控制要求。

6.3.5　隧道施工通风应能提供洞内各项作业所需的最小风量，每人应供应新鲜空气 3m^3/min，采用内燃机械作业时，供风量不应小于4.5m^3/(min・kw)。隧道施工通风的风速，全断面开挖时不应小于0.15m/s，分部开挖的坑道内不应小于0.25m/s，并均不应大于6m/s。

［说明］

参照《公路隧道施工技术规范》(JTG F60)的规定。

6.3.6　机械通风布置应根据隧道长度、断面大小、施工方法、设备条件等综合确定，可选用压入式或混合式通风，有条件时宜采用巷道式通风。

［说明］

受通风海拔修正系数的影响，随着海拔高度增高，需风量将大大增加，经研究，采用多通道巷道式通风，通风效果好、能耗低。

6.3.7　应选取与隧址区海拔高度相匹配的通风机类型，通风机功率应根据隧道规模、人员及设备需求、掘进长度、装渣运输方式、断面大小和通风方式等因素计算确定。

[说明]

选取与隧址区气压相匹配的通风机是通风的关键因素。

6.3.8　通风管宜采用硬质金属风管，也可采用高强、低阻、阻燃的软质风管，每100m 平均漏风率不得大于2%。

[说明]

高原地区气压低，风管内外压差大，软质风管受压差影响，漏风率较高，硬质风管受压差影响小，推荐采用硬质金属风管。

6.4　施工制氧供氧与人员安全防护

6.4.1　川西高原公路隧道制氧方式宜采用变压吸附法(PSA)，供氧标准按照表5.7.4执行。

[说明]

经科研比选，从环境适应性、经济性、供氧量等比较，川西高原公路隧道制氧方式推荐采用变压吸附法。

6.4.2　应根据气象资料(含氧量)和人员数量核定隧道施工供氧量，供氧量计算方法见附录F。

6.4.3　高原隧道施工供氧方式包括鼻吸式供氧、移动式氧吧供氧、隧道内弥散式供氧。高原反应强烈时宜选择鼻吸式供氧方式，室内工作和睡觉休息宜选择弥散式供氧方式，隧道内施工根据工作区域不同可选取局部弥散式供氧和移动吸氧车等方式。

[说明]

科研成果和实际工程经验总结。

6.4.4　高原施工人员用氧应在专业人员指导下进行，专业人员监督高原施工人员用氧情况，当用氧出现头晕、恶心、呕吐、心悸、心慌、胸闷等不适时，停止用氧。

6.4.5 高原反应明显者，宜采用高压氧舱或鼻吸式吸氧治疗。鼻吸式吸氧治疗每天应吸氧 1 次，每次连续用氧 1 小时。

[说明]

参考相关规范和科研成果。

6.4.6 隧道内宜在人员密集区设置移动式氧吧，保障施工人员就近吸氧需求。

6.4.7 弥散式供氧房间内应采用通风换气措施，室内二氧化碳浓度不得超过 0.09%。

6.4.8 隧道内弥散式供氧宜采用以下方案：

1. 采用专用输氧管道(通常采用 DN25 不锈钢管)向隧道内供氧，专用输氧管道连接洞外制氧机。

2. 制氧机生产的高浓度氧气经专用输氧管道输送到掌子面前方约 50m 处。

3. 在专用输氧管道末端，通过高压橡胶软管及快换接头连接掌子面附近的弥散式供氧装置。

6.4.9 用氧应注意防震，防火，防热，防油。搬运时避免倾倒、撞击，氧气瓶放在阴凉处，周围严禁烟火和易燃品，距离火炉至少 5m，距离暖气至少 1m。

6.4.10 所有进入隧道的施工及管理人员应提前检查身体，对于高血压、心脏病等患者不安排上山。施工过程中，定期和不定期检查，发现问题，随时下山治疗，防止高原病和后遗症的发生。

[说明]

科研成果和实际工程经验总结。

6.4.11 坚持管理人员、先遣人员先上，待条件具备后，大批人员再上的原则。人员上场应采取“梯次”上山的办法。一般准备7～10天的适应期，减少身体的不适应及所形成的各种剧烈的高山反应。

[说明]

科研成果和实际工程经验总结。

6.4.12 为预防高原感冒流行病，防止强紫外线对人眼睛的伤害，应配备防寒服装，还应配备墨镜，营房的修建要避风朝阳，日常行政生活管理要跟上，划分卫生区域，定期清理垃圾，保证人员居住区卫生清洁，经常性进行生活区消毒工作，以防止传染病流行。

[说明]

科研成果和实际工程经验总结。

6.4.13 高原隧道一般山高路远，远离都市、远离人类聚居区，生活极不方便，为了保障职工的身体健康和营养所需，应建立完善的后勤生活保障体系，特别是蔬菜的及时供应和常用维生素的补给。

高原地区寒冷缺氧，生活不便，需建立完善的后勤生活保障，满足施工人员营养所需，特别是蔬菜和维生素的补给。

6.4.14 高原隧道施工应建立后勤医疗保障体系。施工区应设立卫生室并配备医生和卫生员，建立施工人员健康档案，储备必需的药品、氧气袋和常用医疗器材，做到一般病现场能够治疗，其他病症及时转移到后方医院医治。

[说明]

高原地区特殊的气候环境容易引发高反等一系列不良反应，损害施工人员身体健康，因此施工强调医疗保障体系的建立。

6.5 施工机械化配套

6.5.1 隧道施工前应编制施工机械配置方案，并纳入隧道实施性施工组织设计。应合理选择适用于高原气候的机械设备，合理安排施工机具设备周转时间，提高机械利用率。

6.5.2 隧道工程施工机械应根据隧址区气象条件、隧道长度、断面大小、围岩地质条件、施工方法、工期要求、施工场地等综合因素进行配置。

6.5.3 针对高原体力消耗大、劳动生产率低等特点，施工作业尽量采用以机械代人工的方式，隧道施工机械设备配套原则为：

1. 多选风动、电动设备，少选内燃设备。
2. 选用大型设备，少选小型设备。
3. 选用增压设备，少用非增压设备。
4. 多用新设备，少用旧设备。
5. 选用先进设备，不用故障率高的落后设备。

6.5.4 高原施工机械设备应符合以下要求：

1. 宜选用风冷增压型发动机和多级滤清或湿式空气滤清器，配置更有效的低温启动装置，使用低温油料和防冻冷却液，提高液力、液压系统的流动性和散热性。

2. 在使用高原型施工设备过程中，仍需采取发动机预热和保温、强化放电能力、加大进气量、增加发动机保养次数、改善启动时间、增加清洗次数等措施。

6.5.5　隧道施工机械的使用、管理、维修和保养应严格执行有关规定，保证机械使用安全、正常运转，防止发生机械事故。

6.5.6　隧道工程施工机械管理操作人员应进行专门培训，持种机械操作人员应持证上岗。

6.5.7　开挖机械应符合以下要求：

1. 隧道开挖设备应根据围岩地质条件、施工断面大小、施工方法等情况合理选择机械设备。

2. 爆破钻孔可采用液压凿岩台车或多功能台架配合风钻。当具备大段落全断面施工条件时，应采用液压凿岩台车进行爆破钻孔作业。

3. 不适宜爆破施工的隧道，可选用挖掘机、单臂掘进机、铣挖机等进行开挖。

6.5.8　装、运渣机械应符合以下要求：

1. 装渣与运输机械选型应符合挖装、运输机械能力协调配套的要求，关键工作面运输机械配置能力不应小于挖装能力的 1.2 倍。

2. 采用无轨运输方式时，装渣宜采用装载机或挖装机；自卸汽车额定载重量宜大于 15t。

3. 采用有轨运输方式时，设备选型与配套数量应根据隧道长度和断面大小确定，并满足下列要求：

1) 装渣可采用挖装机或扒渣机，牵引应采用电瓶车，运渣宜采用梭式矿车或侧卸式矿车。

2) 所选翻框式调车器、浮放道岔等专用调车设备应配套合理。

3) 出渣运输车辆数量可根据隧道掘进长度进行合理配置。

6.5.9　支护衬砌机械应符合以下要求：

1. 喷射混凝土应配置湿喷机，长、特长隧道混凝土喷射作业宜选用喷射混凝土喷射台车。

2. 锚杆钻孔应根据断面大小、施工方法等选用液压台车、锚杆钻机或风凿机械，锚杆安装应配置工作吊篮或多功能工作台架，注浆应配置注浆机。

3. 钢架加工应配置专用弯曲成型加工机械，钢架安装宜采用专用机械。

4. 超前管棚、小导管、预注浆等施工机械的配备应按支护类型合理选用，并应符合下列规定：

1) 富水软弱破碎围岩、含水砂层、大变形等不良地质隧道应配置深孔钻孔及深孔高压注浆设备。

2) 管棚及预注浆钻孔机械宜选用高效率钻孔机械，钻进速度不应小于 5m/h。

3) 预注浆应根据注浆工艺和质量要求配备可调的高压力、大流量注浆机。

5. 混凝土衬砌作业配置的混凝土拌合站、搅拌运输车、混凝土输送泵及模板台车等机械设备应符合下列规定：

1) 混凝土拌合站生产能力应根据高峰时作业面数量、运距、混凝土供应量等因素确定，并应采用强制式拌和方式。自动计量装置应满足混凝土配合比计量精度要求。

2) 无轨运输时，应配置轮胎式搅拌输送车；有轨运输时，应配置轨行式搅拌输送车。

3) 隧道衬砌应采用钢模板衬砌台车，台车应有混凝土振捣的专项设计。

6. 隧道仰拱浇筑应配备仰拱作业栈桥、防干扰作业平台或仰拱模板台车。

6.5.10 辅助施工机械应符合以下要求：

1. 隧道施工通风设备应根据掘进长度、运输方式、断面大小、通风方式等计算确定。通风机应配置高效节能低噪型多级风机，通风管宜选用大直径风管。

2. 施工供风设备宜配置螺杆式电动空压机。

3. 隧道施工采用机械排水时，应配置扬程、流量、性能与设计涌水量相适应的抽水设备，富余量不小于20%，并配有满足需要的备用电源。

4. 注浆堵水钻孔钻机可选用回转式、冲击式钻机。注浆泵可选用活塞式注浆泵或泥浆泵，并优先选用高压力、大流量、泵压和流速可调式单、双液注浆泵。

5. 隧道防水层铺设作业应配置专用作业台架。

6.6　保温层施工

6.6.1　隧道保温层应设置在隧道二衬外表面，且在保温层外须再贴一层纤维增强板。

6.6.2　保温材料应具备抗冻性好、防火性好、防水及耐腐蚀性好等性能。

6.6.3　贴保温层隧道段落的二衬表面要求平整、无渗漏水、无空洞、无蜂窝麻面或裂缝等情况，如有应预先处理后再进行保温层施工。

6.6.4　保温板要求紧贴衬砌表面，不允许有空隙存在。保温板之间应连接紧密，施工完成后要求整个施工面随隧道拱成自然弧形且平整牢固。

6.6.5　纤维增强板之间缝隙采用专用腻子及网带密封，密封后须打磨平整。

6.7　施工防水与排水

6.7.1　隧道施工防排水工作应按防、截、排、堵相结合的综合治理原则进行，隧道施工防排水设施应与营运防排水工程相结合，隧道的防冻保温措施应与防排水系统结合。

6.7.2 隧道排水系统分地下水排水系统、路面水(清洗水)排水系统和洞外截、排水系统，各自互相独立，分别排放。

6.7.3 隧道施工前应根据工程地质、水文地质资料制定防排水方案。施工中应按现场气象条件、施工方法、机具设备等情况，选择不妨碍施工的防排水措施。

6.7.4 高原隧道防排水工程施工质量应符合下列要求：

1. 掌子面附近无积水，隧底无漫流水。
2. 拱部、边墙不滴水。
3. 路面不冒水、无积水，设备箱洞处无渗水。
4. 洞内排水系统无淤积、不堵塞，确保排水通畅。
5. 隧道衬砌背后无积水，路面、排水沟不冻结。

6.7.5 隧道两端洞口及辅助坑道洞口应按设计要求及时做好排水系统，覆盖层较薄和渗透性强的地层，地表积水应及早处理。

6.7.6 洞内顺坡排水，其坡度应与线路坡度一致，并满足下列要求：

1. 水沟断面应满足排除隧道中渗漏水和施工废水的需要；

2. 水沟位置宜结合结构排水工程设在隧道两侧或中心，并减少施工干扰；

3. 经常清理排水设施，确保水路畅通。

6.7.7 洞内反坡排水，应采取下列措施：

1. 必须采取机械抽水；

2. 排水方式可根据距离、坡度、水量和设备等情况选用排水水沟或管路，分段接力或一次将水排出洞外；

3. 根据线路坡度分段开挖反坡排水沟。在每段下坡终点开挖集水坑，使水流至坑内，再用水泵将水抽到下段水沟流入下一个集水坑，这样逐段前进，将水排出洞外。反坡水沟坡度不宜小于 0.5%；

4. 隧道较短时，可在开挖面附近开挖集水井，安装水泵，将水一次送出洞外；

5. 沟管断面、集水坑(井)的容积按实际排水量确定；

6. 抽水机的功率应大于排水量所需功率 20%以上，并有备用抽水机；

7. 做好停电时的应急排水准备工作。

6.7.8　洞内有大面积渗漏水时，宜采用钻孔将水集中汇流引入排水沟。其钻孔位置、数量、孔径、深度、方向和渗水量等应做详细记录，以便在衬砌时确定拱墙背后排水设施的位置。

6.7.9　隧道施工有平行导坑或横洞时，应充分利用辅助导坑降低正洞水位，使正洞水流通过辅助导坑引出洞外。正洞施工由斜井竖井排水时，应在井底设置集水坑，用抽水机抽出井外。集水坑设置的位置不得影响井内运输和安全。斜井、竖井施工有水时，应边开挖边挖积水坑，并视渗水量大小采用抽水机或吊桶排出。

6.7.10　隧道施工排水时，应将水沟(管)埋设在冻结线以下或采取防寒保温措施。

6.7.11　洞内永久性防排水结构物施工时，除应满足一般规定外，还应满足下列要求：

1. 保温水沟施作时应有防潮措施，防止保温材料受潮，影响保温性能。

2. 修筑的深埋水沟，回填材料除应满足保温、透水性好的要求外，水沟周侧应用级配骨料分层回填，不得让石屑、泥砂渗入沟内。

6.8 低温混凝土施工

6.8.1 高原隧道应拌制合格的低温早强耐久混凝土拌和物，减小混凝土浇筑对围岩温度场的影响，保证混凝土浇筑后在规定时间内达到抗冻临界强度和拆模强度。

6.8.2 衬砌耐久性指标应满足相关规范要求，可适量添加能提高混凝土耐久性的添加剂。

[说明]

衬砌采用的混凝土无法满足耐久性指标要求时，可采用三萜皂甙、松香热聚物等添加剂或硅烷类、有机硅等表面涂抹抗冻剂。

6.8.3 整体式衬砌施工中，围岩对衬砌有不良影响的硬软岩分界处，应设置沉降缝；隧道洞口段存在明显深浅埋交界处，应设置沉降缝；Ⅴ、Ⅵ级围岩，距洞口约 50m 范围内，必要时可每隔 10m 左右设置一个沉降缝。

6.8.4 整体式衬砌、锚喷衬砌或复合衬砌，均应在洞口和易受冻害地段设置伸缩缝。

6.8.5 高原隧道二次衬砌原则上应尽快施作，但考虑到前方隧道爆破施工，二次衬砌与掌子面距离应考虑前方爆破对已施工二次衬砌的影响。

6.8.6 混凝土原材料的选择应符合以下要求：

1. 水泥：为保证混凝土早期强度和具有较好的可泵性，应优先选用硅酸盐水泥和普通硅酸盐水泥。

2. 骨料：骨料的选择要考虑高寒地区施工特点和泵送施工特点两

方面的因素。细骨料选用中砂，含泥量小于 3%，粗骨料选用经多次冻融循环试验检测合格的总质量损失小于 5%的坚实且级配良好的碎石或卵石，不应有风化的颗粒，含泥量小于 1%，最大粒径 40mm。

3. 外加剂：外加剂需具备低温、早强、耐久、耐腐蚀的要求。

6.8.7　混凝土施工配合比应符合以下要求：

1. 必须满足强度、抗渗和抗冻融循环的要求。

2. 要保证混凝土在规定时间内获得足够的抗冻临界强度，使之不遭受冻害。

3. 要满足施工要求，即坍落度和拆模强度满足泵送快速施工的要求。

6.8.8　模筑混凝土的拌制及运输应符合以下要求：

1. 为保证拌制出入模温度、坍落度、可泵性等均能满足施工要求的混凝土拌和物，并确保衬砌混凝土的施工质量，宜采用集中拌和站拌制混凝土，搅拌站应设在保温大棚内，拌合用的砂、石料同时存放在保温棚内，且设地炉或加热仓对其进行加热，原材料的加热温度需通过热工计算确定。

2. 混凝土入模温度宜控制在 10±2℃范围内，考虑运输过程中和运至工地后泵送施工过程中混凝土热量损失，混凝土出机温度宜控制在 13～15℃的范围内。

3. 各种原材料的加热温度按以下要求控制：

1) 水泥、外加剂均不宜直接加热，应储存在保温库房内，保证在正温条件下使用。

2) 水可采用锅炉直接加热，加热温度控制在 30～70℃。

3) 砂、石料加热的数量根据一次连续生产混凝土的用量要求确定，并留有一定富余。采用地炉或加热料仓预先对其进行加热，砂的加热温度控制在 8～20℃，石子加热温度控制在 2～10℃。

4. 水泥、外加剂和经过加热的水及骨料按设计的搅拌加料顺序进入搅拌机进行搅拌，搅拌时间不得小于 90s。

5. 混凝土采用混凝土输送车运输，在输送车的转筒外采用棉絮或棉帐篷等材料加设保温罩，保温罩不能影响转筒正常运转。混凝土初凝前应泵送入模。

6.8.9 模筑混凝土泵送施工应符合以下要求：

1. 应尽可能采用机械化施工，减少人工作业，衬砌混凝土宜采用泵送施工。

2. 泵送混凝土除应满足设计要求的强度、抗渗、耐久等指标外，还应有良好的施工性能，如摩擦阻力小、不离析、不阻塞和凝聚性适宜等。

3. 应选用高原型混凝土输送泵，输送泵应具有可靠、出口压力高、效率高、维修简单、高原适应性能好的特点。

4. 应采用刚度大、整体性好、浇筑速度快、质量高的衬砌模板台车。

6.8.10 为保证混凝土的施工质量，混凝土在达到拆模强度后方可拆模，衬砌拆模后应立即养护，养护时间一般为 7～14d。应做好衬砌的防寒保温工作，可用保温材料覆盖，进行保温保湿养护。

6.8.11 衬砌采用防水混凝土时，施工中应满足下列要求：

1. 砂石集料应符合级配要求。水泥标号不低于 425 号。

2. 水灰比不应大于 0.55，严寒地区水灰比不应大于 0.50；最小水泥用量不应少于 350kg/m^3。

3. 冬季施工的防水混凝土，应掺用加气剂降低原有的水灰比，并按冬季施工有关要求施工。

4. 调制混凝土拌和物时，水泥重量偏差不得超过±2%，集料重量偏差不得超过±5%，水及加气剂重量偏差不得超过±2%。

5. 混凝土浇筑前，必须清除模板上泥污杂物，且须用水湿润，确保模板不漏浆。

6.8.12　二次衬砌混凝土在初期支护变形稳定后及时施作，拆模时的混凝土强度应达到 8MPa。

第七章 建 筑 材 料

7.1 一 般 规 定

7.1.1 建筑材料的选用应符合下列规定：

1. 应符合结构强度和耐久性的要求，同时满足抗冻、抗渗和抗侵蚀的需要。

2. 当有侵蚀性水经常作用时，所用混凝土和水泥砂浆均应采用具有抗侵蚀性能的特种水泥和集料配制，其抗侵蚀性能的要求视水的侵蚀特征确定。

3. 最冷月平均气温低于-10℃的地区及受冻害影响的隧道，混凝土强度等级应适当提高。

7.1.2 混凝土和砌体所用的材料除应符合国家有关标准规定外，还应符合下列要求：

1. 混凝土不应使用碱活性集料。

2. 钢筋混凝土构件中，钢筋的技术条件应符合现行国家标准《钢筋混凝土用热轧带肋钢筋》GB1499 的规定。

3. 片石强度等级不应低于 MU40，块石强度等级不应低于 MU60，混凝土砌块强度等级不应低于 MU20，有裂缝和易风化的石材不应采用。

7.1.3 高原公路隧道的抗冻水泥混凝土可采用掺加引气剂或引气减水剂的引气水泥混凝土，也可采用经过验证能够保证抗冻性的其他混凝土。

7.1.4 水泥混凝土的冻融环境等级应根据环境条件，按表 7.1.4 确定。

表 7.1.4　水泥混凝土的冻融环境等级

冻融次数(次/年)	无盐环境		有盐环境	
	中度饱水	高度饱水	中度饱水	高度饱水
＜50	D1	D2	D3	D3
50~120	D3	D4	D5	D5
121～180	D4	D5	D6	D6
＞180	D5	D6	D6	D7

注：1. 中度饱水指冰冻前偶受水或受潮，混凝土内饱水程度不高。高度饱水指冰冻前长期或频繁接触水或润湿土体，混凝土内饱水程度高。

2. 无盐或有盐指冻结的水中是否含有氯盐类。

3. 轻度饱水构件，其冻融环境等级可按表 7.1.4 的规定降低一级或二级，但混凝土抗冻等级不应低于 D1。

4. 喷射水泥混凝土衬砌，其冻融环境作用等级可按表 7.1.4 的规定降低二级或按经验确定，但混凝土抗冻等级不应低于 D1。

7.1.5　抗冻水泥混凝土的抗冻性能等级分为 F450、F400、F350、F300、F250、F200、F150、F100 八个等级。公路水泥混凝土材料的抗冻等级按表 7.1.5 确定。

表 7.1.5　抗冻水泥混凝土的抗冻等级要求

冻融环境等级	设计基准期(年)		
	100	50	30
D1	F200	F150	F100
D2	F250	F200	F150
D3	F300	F250	F200
D4	F350	F300	F250
D5	F400	F350	F300
D6	F450	F350	F350
D7	F450	F400	F400

注：1. 水泥抗冻性采用快速冻融试验方法，按 JTG E30 中的 T 0565 进行，但将其中 4.7 条的第一款改为达到规定的冻融循环次数。

2. 设计基准期小于 30 年的以 30 年计。

［说明］

经初步研究测试，常用 C30 混凝土抗冻等级约为 F50，C40 混凝土抗冻等级约为 F100，故川西高原隧道在二次衬砌混凝土表面采取设置保温层措施以避免冻融影响，无法采取保温措施时可采用混凝土中加添加剂或在混凝土表面涂刷表面抗冻剂等措施。

7.1.6 引气水泥混凝土的最低强度等级与最大水胶比应满足表 7.1.6 的要求。

表 7.1.6 引气水泥混凝土的最低强度等级与最大水胶比

<table>
<tr><th rowspan="3">抗冻等级</th><th colspan="6">设计基准期(年)</th></tr>
<tr><th colspan="2">100</th><th colspan="2">50</th><th colspan="2">30</th></tr>
<tr><th>最低强度等级</th><th>最大水胶比</th><th>最低强度等级</th><th>最大水胶比</th><th>最低强度等级</th><th>最大水胶比</th></tr>
<tr><td>F100</td><td rowspan="2">—</td><td rowspan="2">—</td><td>—</td><td>—</td><td rowspan="2">C_a30</td><td>0.55</td></tr>
<tr><td>F150</td><td rowspan="2">C_a35</td><td>0.55</td><td rowspan="2">0.50</td></tr>
<tr><td>F200</td><td>C_a35</td><td>0.50</td><td>0.50</td><td rowspan="4">C_a35</td></tr>
<tr><td>F250</td><td>C_a40</td><td>0.45</td><td>C_a40</td><td>0.45</td><td rowspan="3">0.45</td></tr>
<tr><td>F300</td><td rowspan="2">C_a45</td><td rowspan="2">0.40</td><td rowspan="4">C_a45</td><td rowspan="4">0.40</td></tr>
<tr><td>F350</td></tr>
<tr><td>F400</td><td rowspan="2">C_a50</td><td rowspan="2">0.36</td><td rowspan="2">C_a40</td><td rowspan="2">0.40</td></tr>
<tr><td>F450</td></tr>
</table>

注：1. 如采取表面防水处理等附加措施，可降低大体积混凝土对最低强度等级和最大水胶比的抗冻要求。
2. 表中 C_a50 表示强度等级为 50MPa 的引气混凝土，其余类推。

7.1.7 引气水泥混凝土的含气量与平均气泡间距系数应满足表 7.1.7 的要求。

表 7.1.7 引气水泥混凝土的含气量与平均气泡间距系数要求

<table>
<tr><th rowspan="2">项目</th><th rowspan="2">抗冻等级</th><th colspan="4">强度等级</th></tr>
<tr><th>C_a30</th><th>C_a40</th><th>C_a50</th><th>$\geq C_a60$</th></tr>
<tr><td rowspan="6">设计含气量(%)</td><td>F100</td><td>3.5</td><td>3.0</td><td>2.5</td><td>2.5</td></tr>
<tr><td>F150</td><td>4.0</td><td>3.5</td><td>3.0</td><td>2.5</td></tr>
<tr><td>F200</td><td>4.5</td><td>4.0</td><td>3.5</td><td>2.5</td></tr>
<tr><td>F250</td><td>5.0</td><td>4.5</td><td>4.0</td><td>3.0</td></tr>
<tr><td>F300</td><td>5.4</td><td>5.0</td><td>4.0</td><td>3.0</td></tr>
<tr><td>F350</td><td>6.0</td><td>5.0</td><td>4.5</td><td>3.5</td></tr>
</table>

续表

项目	抗冻等级	强度等级			
		C_a30	C_a40	C_a50	$\geqslant C_a60$
	F400	6.5	5.4	4.5	3.5
	F450	6.5	5.4	5.0	3.5
气泡间距系数(mm)，≤	≤F150	0.32	0.37	0.41	0.42
	F200	0.30	0.35	0.39	0.40
	F250	0.28	0.32	0.37	0.39
	F300	0.26	0.30	0.35	0.37
	F350	0.24	0.28	0.33	0.35
	F400	0.22	0.25	0.30	0.33
	F450	0.20	0.23	0.28	0.31

注：1. 表中含气量对应于粗集料最大粒径为 19mm 或 26.5mm 时的数值。当粗集料最大粒径 9.5mm 或 16mm 时，含气量应较表中数值增加 0.5%；当粗集料的最大粒径为 31.5mm 时，含气量可较表中数值减少 0.5%。

2. 混凝土拌合物的含气量应控制在-0.5%～＋1.0%内。

3. 对于现场泵送、高频振捣的混凝土和远距离长时间运输，应检测泵送、振捣过程以及长时间运输所造成的含气量损失，以判断所有引气剂的实用性和适宜掺量。

7.1.8　引气水泥混凝土的最小胶凝材料用量与最大胶凝材料用量宜满足表 7.1.8 的规定。

表 7.1.8　引气水泥混凝土单位体积的胶凝材料用量

强度等级	最小用量(kg/m^3)		最大用量(kg/m^3)
	无盐环境	有盐环境	
C_a30	280	300	420
C_a35	300	320	
C_a40	320	340	450
C_a45	340	360	
C_a50	360	380	480
$\geqslant C_a55$	380	380	500

注：1. 表中数据适用于集料最大粒径为 19mm 的情况，集料最大粒径较大时宜适当降低胶凝材料用量，集料最大粒径较小时宜适当增加胶凝材料用量。

2. 对于强度等级达到 C_a60 的泵送水泥混凝土，胶凝材料最大用量可增大至 530 kg/m^3。

3. 路面用水泥混凝土的最大胶凝材料用量不应大于 450 kg/m^3。

7.1.9　抗冻水泥混凝土的浆集比应满足表 7.1.9 的规定。

表 7.1.9　每立方米体积混凝土中最大浆体体积

混凝土强度等级	C30～C45	C50～C60
$1m^3$ 混凝土中最大浆体体积	≤0.32	≤0.35

7.1.10　引气水泥砂浆的强度等级、抗冻性、拌合物含气量与最小胶凝材料用量应满足表 7.1.10 的规定。

表 7.1.10　引气水泥砂浆的强度等级、抗冻性、拌合物含气量与最小胶凝材料用量

环境作用等级	最小强度等级	抗冻性等级	最小胶凝材料用量(kg/m^3)		含气量(%)
			无盐环境	有盐环境	
D1、D2	M_a10	F200	260	280	10～12
D3	M_a15	F250	280	320	10～12
D4、D5	M_a20	F300	340	360	10～12

注：1. 此表适用于 32.5 级的水泥。大于 32.5 级水泥其最小胶凝材料用量可在表中数值基础上减少 30kg/m^3。
2. M_a10 表示引气水泥砂浆的强度等级为 10MPa，其余类推。
3. 水泥砂浆的抗冻性试验采用快速冻融试验方法，按照 JTG E30 中的水泥混凝土抗冻性试验方法(快冻法)T 0565 进行。

7.2　主要建筑材料性能

7.2.1　防水卷材技术指标应满足表 7.2.1 规定。

表 7.2.1　隧道内用防水卷材技术指标

项目		单位符号	乙烯-醋酸乙烯共聚物(EVA)	乙烯-醋酸乙烯与沥青共聚物(ECB)	聚乙烯(PE)
断裂拉伸强度　≥		MPa	18	17	18
扯断伸长率　≥		%	650	600	600
撕裂强度　≥		kN/m	100	95	95
不透水性/0.3MPa/24h			无渗漏	无渗漏	无渗漏
低温弯折性 ≤		℃	−35 无裂缝	−35 无裂缝	−35 无裂缝
加热伸缩量	延伸 ≤	mm	2	2	2

续表

项目		单位符号	乙烯-醋酸乙烯共聚物(EVA)	乙烯-醋酸乙烯与沥青共聚物(ECB)	聚乙烯(PE)
	收缩 ≤	mm	6	6	6
热空气老化(80℃×168h)	断裂拉伸强度 ≥	MPa	16	14	15
	扯断伸长率 ≥	%	600	550	550
耐碱性［饱和 $Ca(OH)^2$ 溶液×168h］	断裂拉伸强度 ≥	MPa	17	16	16
	扯断伸长率 ≥	%	600	600	550
人工侯化	断裂拉伸强度保持率≥	%	80	80	80
	扯断伸长率保持率 ≥	%	70	70	70
刺破强度	1.5mm ≥	N	300	300	300
	2.0mm ≥	N	400	400	400
	2.5mm ≥	N	500	500	500
	3.0mm ≥	N	600	600	600

注：立体防排水板基材的物理力学性能应符合上表要求。

7.2.2　隧道内用无纺织土工织物技术指标应满足表 7.2.2 的规定。

表 7.2.2　隧道内用无纺织土工织物技术指标

项目		单位符号	指标数值			备注
单位面积质量		g/m^2	300	400	500	偏差为±5%
断裂强度	纵\横向	kN/m	≥15	≥20	≥25	
断裂延伸率	纵\横向	%	≥50			
CBR 顶破强力		kN	≥2.9	≥3.9	≥5.3	
撕破强力	纵\横向	kN	≥0.42	≥0.56	≥0.70	
等效孔径 $O_{90}(O_{95})$		mm	0.1～0.2			
垂直渗透系数		cm/s	$K\times(10^{-1}\sim10^{-2})$			K=1.0～9.9
厚度		mm	≥2.2	≥2.8	≥3.4	

7.2.3　隧道内用止水带技术指标满足表 7.2.3 的规定。

表 7.2.3(a) 橡胶止水带技术指标

项目			单位符号	指标	
				B 型	S 型
硬度			邵尔 A 度	60±5	60±5
拉伸强度≥			MPa	15	12
扯断伸长率≥			%	450	450
压缩永久变形		70℃×24h≤	%	30	30
		23℃×168h≤	%	20	20
撕裂强度≥			kN/m	30	25
脆性温度≤			℃	-45	-45
热空气老化	70℃×168h	硬度变化≤	邵尔 A 度	+6	+6
		拉伸强度≥	MPa	12	10
		扯断伸长率≥	%	400	400
耐碱水	氢氧化钙饱和溶液 23℃×168h	硬度变化≤	邵尔 A 度	+6	+6
		拉伸强度≥	MPa	12	10
		扯断伸长率≥	%	400	400
臭氧老化 50pphm：20%，40℃，48h				无龟裂	无龟裂
橡胶与金属黏合				R 型破坏	

注：B 型止水带适用于变形缝，S 型止水带适用于施工缝；仅钢边止水带检测橡胶与金属黏合项目。

表 7.2.3(b) 塑料止水带技术指标

项目		单位符号	指标	
			EVA	ECB
拉伸强度≥		MPa	16	16
扯断伸长率≥		%	600	600
撕裂强度≥		kN/m	60	60
低温弯折性≤		℃	-40	-40
热空气老化(80℃×168h)	100%伸长率外观		无裂纹	无裂纹
	拉伸强度保持率≥	%	80	80
	扯断伸长率保持率≥	%	70	70
耐碱性 $Ca(OH)_2$ 饱和溶液×168h	拉伸强度保持率≥	%	80	80
	扯断伸长率保持率≥	%	90	90

7.2.4　止水条宜选用制品型遇水膨胀橡胶止水条，其物理力学性能应满足表 7.2.4 的规定。

表 7.2.4　制品型遇水膨胀橡胶止水条技术指标

项目		单位符号	指标
硬度		邵尔 A 度*	42±7
拉伸强度		MPa	≥3.5
扯断伸长率		%	≥450
体积膨胀率		%	≥200
反复浸水试验	拉伸强度	MPa	≥3
	扯断伸长率	%	≥350
	体积膨胀率	%	≥200
低温弯折(−20℃×2h)			无裂纹
防霉等级			≥2 级

注：*表中硬度为推荐采用项目，其余为强制执行项目；成品切片测试应达到表中性能指标的 80%；接头部位的拉伸强度不得低于表中性能指标的 50%；体积膨胀率是浸泡后的试样质量与浸泡前的试样质量的比率。

7.2.5　环、纵向排水盲管在承受 0.5MPa 压力时耐压扁平率不大于 5%。

7.3　保温材料性能

7.3.1　常用保温材料按材质分成无机保温材料、有机保温材料和复合型保温材料三大类。无机保温材料有矿渣棉、岩棉、玻璃棉、硅酸铝纤维板等；有机保温材料有聚氨酯、聚苯乙烯、聚乙烯树脂等；复合型保温材料有橡塑海绵、植物纤维复合板等。

7.3.2　主要保温隔热材料的性能指标应满足表 7.3.2 的规定。

表 7.3.2　保温隔热材料的性能指标

性能	酚醛泡沫	聚氨酯	聚苯乙烯	聚乙烯	橡塑	岩棉	玻璃棉
施工密度 (kg/m³)	41～100	25～40	30	22～30	80～150	100	60

续表

性能	酚醛泡沫	聚氨酯	聚苯乙烯	聚乙烯	橡塑	岩棉	玻璃棉
耐热(℃)	190	90～120	70	60～70	106	500	300
耐冷(℃)	-180	-110	-80	—	-40	-60	-60
导热系数(常温)W/(m·K)	0.020～0.033	0.022～0.036	0.033～0.04	0.029～0.035	0.031～0.036	0.033～0.064	0.03～0.042
可燃性	难燃	易燃	易燃	易燃	易燃	不燃	不燃
融状态	无熔滴	有焰熔滴	有焰熔滴	有熔滴	有熔滴	无熔滴	无熔滴
燃烧气体毒性	C036 无毒	C0353 有毒	有毒	C07 无毒	HS 有毒	—	—
抗老化性	最好	差	差	好	良	好	好
抗化学溶剂性能	好	不好	不好	好	良	不好	不好
吸水率(Kg/m^3)	0.02	0.03	0.2	0.02	0.3	<2 吸水	<2 吸水
抗压强度(MPa)	0.216	0.127	0.107	0.033	0.03	0.107	0.107

7.3.3 保温材料应具有较好的保冷抗冻性、防火性、防水及耐腐蚀性。

7.3.4 对于有机材料系高分子材料，一般要求为不燃材料(A 级)、难燃材料(B1 级)。

7.3.5 隧道保温工程应用中，在材料其他性质符合要求的基础上，应尽量选择导热系数小的保温材料。

7.4 其他材料

7.4.1 活性矿物掺合料应满足以下规定：

1. 混凝土中掺加活性矿物掺合料时，可使用质量合格的硅灰、低钙磨细粉煤灰、磨细矿渣等，粉煤灰烧失量不得大于 3.0%。F200 及其以上的抗冻混凝土不应使用Ⅲ级粉煤灰。对于氯盐冻融环境与硫酸盐环境，活性矿物掺合料中不得含有石灰岩粉。

2. 活性矿物掺合料宜 2 种或 2 种以上复合使用。硅灰用量不宜超过 8%，且掺加硅灰时应掺加高效减水剂。

3. 活性矿物掺合料的掺量应满足表 7.4.1 的规定。

表 7.4.1　活性矿物掺合料的掺量

冻融类别	水冻			盐冻		
混凝土类别	预应力混凝土	普通混凝土	路面混凝土	预应力混凝土	普通混凝土	路面混凝土
矿物掺合料最大掺量(%)	30	30	20	25	25	15

注：1. 表中掺量对应于强度等级为 42.5 的普通硅酸盐水泥，对于强度等级为 52.5 的普通硅酸盐水泥可放宽 5%；对于强度等级为 52.5 的硅酸盐水泥可放宽 10%。

2. 对于大体积混凝土可较表中数值放宽 15%。

7.4.2　外加剂应满足下列规定：

1.混凝土中应掺加质量合格的引气剂或引气减水剂。应优先选用三萜皂甙、松香热聚物类或改性松香皂类引气剂，不得将烷基苯磺酸钠、烷基磺酸钠类、木质素磺酸盐及其他气泡质量差的表面活性剂作为引气剂使用。

2. 选用外加剂时，必须进行外加剂与胶凝材料的相容性、和易性、强度、耐久性等试验，确定外加剂的品种、复配组成，并用工程所用原材料进行配合比试验获得外加剂的掺量。

3. 不宜使用无机盐类早强剂、防冻剂，确有必要使用时，应与引气剂、减水剂等复合使用。不应使用含有碱金属或氯盐的外加剂。

7.4.3　钢纤维、有机合成纤维、无机合成纤维、纤维素纤维及其技术要求如下：

1. 钢纤维几何参数的要求宜符合表 7.4.3(a)的规定。

表 7.4.3(a)　钢纤维几何参数参考范围

工程类别	长度(mm)	直径或等效直径(mm)	长径比
一般浇筑钢纤维混凝土	20～60	0.3～0.9	30～80
钢纤维喷射混凝土	20～35	0.3～0.5	30～80

2. 有机合成纤维可选用聚丙烯晴纤维(PAN)、聚丙烯纤维(PP)、聚酰胺(尼龙)纤维、聚乙烯纤维(PE)、聚乙烯醇纤维(PVA)等。有机纤维性能指标除应满足《水泥混凝土和砂浆用合成纤维》GB/T 21120 要求外，还应符合下列规定：

1)宜用直径为10～100μm，长度为3～25mm的细纤维。

2)纤维混凝土采用的有机纤维应为不含再生链烯烃的纯聚合物。

3)纤维及其表面处理层对人体的健康和环境无不利影响。

4)纤维在混凝土拌合物中和硬化的混凝土中应具有化学稳定性，保持纤维强度不降低。

5)纤维应在混凝土拌合物中易于分散，并且与硬化混凝土间具有良好的黏结性能。

3. 无机合成纤维主要品种有玻璃纤维、碳纤维、玄武岩纤维等。无机纤维性能指标应符合《水泥混凝土和砂浆用合成纤维》GB/T 21120 中的规定。

4. 纤维素纤维性能指标除应满足《水泥混凝土和砂浆用合成纤维》GB/T 21120 中的要求外，还应符合表 7.4.3(b)的规定。

表 7.4.3(b) 纤维素纤维主要技术指标

平均当量直径(μm)	断裂伸长率(%)	断裂强度(MPa)	初始弹性模量(10^3 MPa)	耐碱性能力(极限拉力保持率%)
5～22	5～20	≥700	≥7.0	≥95

7.4.4 纤维混凝土应满足下列规定：

1. 根据纤维混凝土应用的环境和工作条件，结合纤维的几何参数、物理力学特征，综合考虑确定采用的纤维的品种：

1)防止衬砌非结构性裂缝，提高耐久性，可采用合成纤维或纤维素纤维。

2)对有耐火要求的隧道二次模筑衬砌，可采用合成纤维或纤维素纤维。

3) 对抗拉、抗剪、抗裂、抗冲击、抗疲劳、抗震、抗爆等性能要求较高的隧道二次模筑衬砌，对存在高水压、高地应力、挤压性围岩地段隧道二次衬砌及对有抗震设防和国防要求的隧道二次衬砌可采用钢纤维混凝土。

4) 为防止冻害引起的衬砌混凝土劣化，宜采用钢纤维、合成纤维或纤维素纤维。

2. 钢纤维混凝土结构构件承载能力极限状态计算和正常使用极限状态验算的要求，裂缝控制等级，变形、裂缝宽度和应力的规定值以及耐久性要求等均应符合现行《混凝土结构设计规范》GB50010。

3. 钢筋钢纤维混凝土结构构件正常使用极限状态下的裂缝宽度、受弯构件挠度应依据钢纤维混凝土的强度等级采用现行有关混凝土结构设计规范的规定，按普通钢筋混凝土构件计算，并考虑钢纤维的影响对计算结果予以修正，修正方法应符合《纤维混凝土结构技术规程》CECS 38。

4. 合成纤维和纤维素纤维混凝土结构承载力可按同强度等级的普通混凝土结构构件计算。

5. 钢纤维、合成纤维、纤维素纤维或混杂纤维混凝土衬砌设计应满足《纤维混凝土结构技术规程》CECS38 中的规定，纤维素纤维常用掺量宜为 1.0～1.2kg/m^3，另外纤维掺量也可根据现场配合比适配确定。

6. 纤维混凝土检测与试验应符合《纤维混凝土结构技术规程》CECS 38 和《纤维混凝土试验方法标准》CECS13 中的规定。

附　　录

附录A　海拔高度与最冷月平均气温关系

依据典型隧道现场测试与资料调研结果，川西高原海拔高度与最冷月平均气温关系可表示为公式(A.0.1)，随海拔高度升高，最冷月平均气温如图A.0.1和表A.0.1所示。

$$t = 13.5 - 5.6 \times 10^{-3} h \quad (A.0.1)$$

式中，t——最冷月平均气温，℃；

h——海拔高度，m。

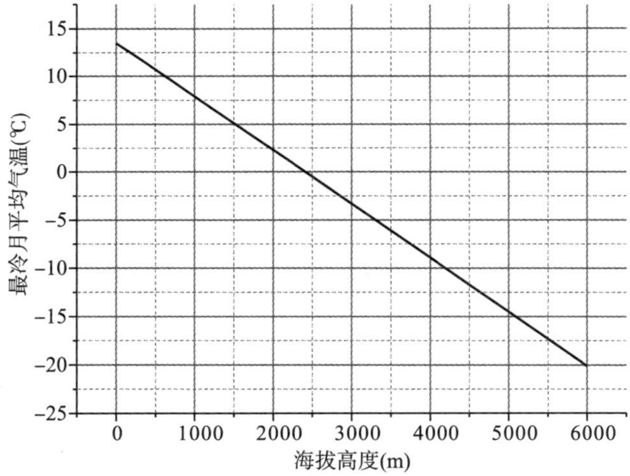

图A.0.1　最冷月平均气温与海拔高度的关系

表A.0.1　最冷月平均气温与海拔高度的关系

海拔高度(m)	1000	1500	2000	2500	3000	3500	4000	4200	4500	5000
最冷月平均气温(℃)	7.9	5.1	2.3	−0.5	−3.3	−6.1	−8.9	−10.0	−11.7	−14.5

附录 B 海拔高度与氧气含量关系

依据典型隧道现场测试与资料调研结果，川西高原海拔高度与大气压力关系可表示为公式(B.0.1)，气管氧分压与大气压力关系可表示为公式(B.0.2)。

$$P=101.33\times(1-\frac{h}{44329})^{5.26} \qquad (B.0.1)$$

$$P_{o_2}=F_{o_2}(P-6.27) \qquad (B.0.2)$$

式中，P_{o_2}——气管氧分压，kPa；

F_{o_2}——吸入气体中氧浓度，%(计算时通常取 20.9%)；

h——海拔高度，m。

随海拔高度升高，大气压力、气管氧分压、对应 0 米海拔氧气含量如图 B.0.1、图 B.0.2、图 B.0.3 和表 B.0.1 所示。

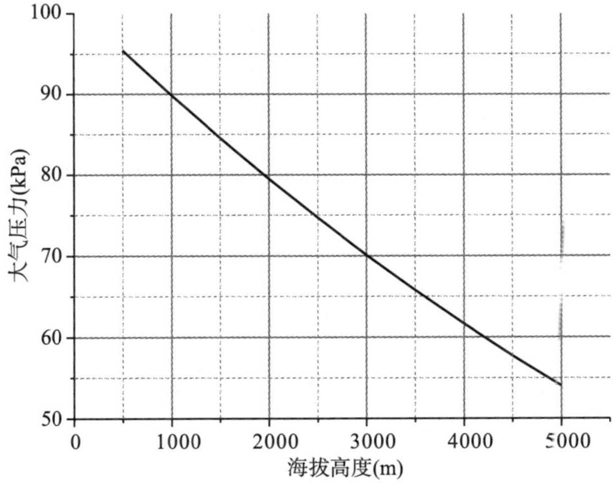

图 B.0.1 大气压力与海拔高度的关系

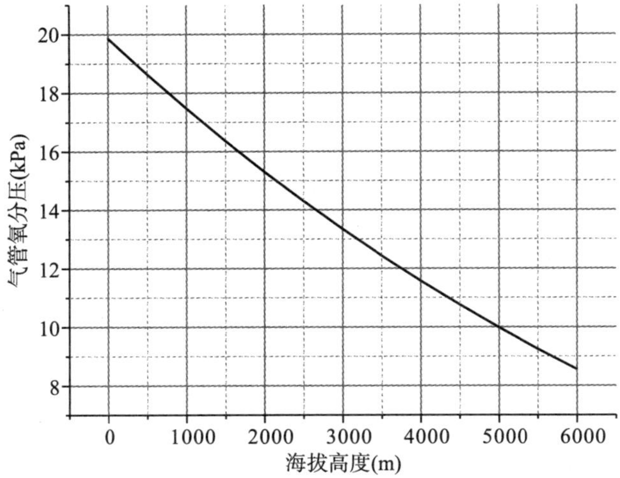

图 B.0.2 气管氧分压与海拔高度的关系

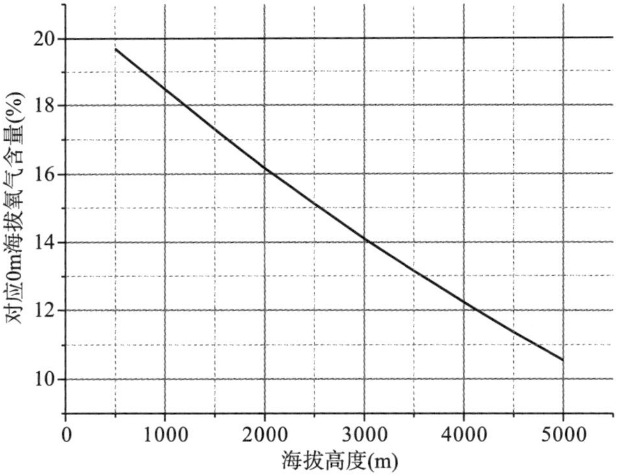

图 B.0.3 对应 0 米海拔氧气含量与海拔高度的关系

表 B.0.1 海拔高度与氧气含量关系

海拔高度(m)	1000	1500	2000	2500	3000	3500	4000	4500	5000
大气压力(kPa)	89.87	84.56	79.49	74.68	70.11	65.76	61.64	57.73	54.02
气管氧分压(kPa)	17.47	16.36	15.30	14.30	13.34	12.43	11.57	10.75	9.98
对应 0 米海拔氧气含量(%)	18.47	17.30	16.18	15.11	14.10	13.14	12.23	11.37	10.55

附录C 隧道结构抗冻计算

冻胀力计算应视当地的自然条件、围岩冬季含冰量、衬砌防冻构造及排水条件等确定。当隧道所在区域的最冷月平均气温低于-10℃时，隧道结构设计应计入冻胀力；当无实测资料时，可按下式计算：

$$P_b=\frac{2D_1(1-\mu_{\mathrm{II}})\dfrac{\Delta_c}{c}-[D_3+D_2+D_1(1-2\mu_{\mathrm{II}})]\dfrac{\Delta_b}{b}}{\left\{\dfrac{a^2+b^2(1-2\mu_{\mathrm{I}})}{(b^2-a^2)}\dfrac{(1+\mu_{\mathrm{I}})}{E_{\mathrm{I}}}+2[D_1+D_2(1-2\mu_{\mathrm{II}})]\dfrac{1+\mu_{\mathrm{II}}}{E_{\mathrm{II}}}\right\}[D_3+D_2+D_1(1-2\mu_{\mathrm{II}})]-\dfrac{8D_1D_2(1-\mu_{\mathrm{II}})^2(1+\mu_{\mathrm{II}})}{E_{\mathrm{II}}}} \tag{C.0.1.1}$$

$$\begin{cases}\Delta_b=\dfrac{b(1-2\mu_{\mathrm{II}})(k-1)\eta}{2(1-\mu_{\mathrm{II}})(k+2)}\left(\ln b-\dfrac{1}{2}\right)+\dfrac{C_1}{2}b+\dfrac{C_2}{b}\\ \Delta_c=\dfrac{c(1-2\mu_{\mathrm{II}})(k-1)\eta}{2(1-\mu_{\mathrm{II}})(k+2)}\left(\ln c-\dfrac{1}{2}\right)+\dfrac{C_1}{2}c+\dfrac{C_2}{c}\end{cases} \tag{C.0.1.2}$$

$$\begin{cases}C_1=\dfrac{\eta}{k+2}\left[\dfrac{(k-1)(1-2\mu_{\mathrm{II}})\left(c^2\ln c-b^2\ln b\right)}{\left(b^2-c^2\right)(1-\mu_{\mathrm{II}})}+\dfrac{(3-4\mu_{\mathrm{II}})k+(1+4\mu_{\mathrm{II}}-4\mu_{\mathrm{II}}^2)}{2(1-\mu_{\mathrm{II}})}\right]\\ C_2=\dfrac{b^2c^2(\ln b-\ln c)(k-1)\eta}{2\left(c^2-b^2\right)(1-\mu_{\mathrm{II}})(k+2)}\end{cases} \tag{C.0.1.3}$$

$$D_1=\frac{c^2}{2(c^2-b^2)},\quad D_2=\frac{b^2}{2(c^2-b^2)},\quad D_3=\frac{E_{\mathrm{II}}(1+\mu_{\mathrm{III}})}{2E_{\mathrm{III}}(1+\mu_{\mathrm{II}})} \tag{C.0.1.4}$$

式中，P_b——衬砌所受的冻胀压力，kPa；

k——冻结围岩沿隧道径向线冻胀系数与沿隧道环向线冻胀系数的比值，一般在2～3，也可以根据试验确定；

η——冻结围岩体积膨胀系数，可以根据调查或试验结果确定，或参考表C.0.1；

a、b、c——衬砌内半径、衬砌外半径、冻结圈外半径，m；

E_{I}、E_{II}、E_{III}——衬砌混凝土、冻结围岩、未冻结围岩的弹性模量，kPa；

μ_{I}、μ_{II}、μ_{III}——衬砌混凝土、冻结围岩、未冻结围岩的泊松比。

表 C.0.1 围岩冻胀性分级

冻胀类别	不冻胀	弱冻胀	冻胀	强冻胀	特强冻胀
土平均冻胀率 η	$\eta \leq 1$	$1 < \eta \leq 3.5$	$3.5 < \eta \leq 6$	$6 < \eta \leq 12$	$\eta > 12$
岩体平均冻胀率 η	$\eta \leq 0.13$	$0.13 < \eta \leq 0.47$	$0.47 < \eta \leq 0.8$	$0.8 < \eta \leq 1.6$	$\eta > 1.6$

附录D 隧道保温层计算

D.0.1 川西高原隧道防冻保温一般采用表面铺设防冻保温层方式，防冻保温层厚度可根据实测黏土最大冻结深度按式(D.0.1)计算确定：

$$\frac{1}{\lambda_1}\ln\frac{r+\delta_1}{r}=\frac{1}{\lambda}\ln\frac{r+\delta}{r} \tag{D.0.1}$$

式中，δ——防冻保温层的厚度，m；

δ_1——黏土最大冻结深度，m；

λ_1——围岩的导热系数，W/(m·°C)；

λ——防冻保温层的导热系数，W/(m·°C)；

r——隧道的当量半径，m。

D.0.2 防冻保温层长度可按式(D.0.2)计算确定：

$$L=155\times(-t)^{0.604} \tag{D.0.2}$$

式中，L——保温段长度, m；

t——洞口温度，即最冷月平均气温, ℃。

D.0.3 通过10余座川西已运营公路隧道测试，结果表明最冷月隧道洞口段平均风速对纵向温度影响较大，隧道防冻保温层设置长度宜根据通风风向和风速进行修正，修正后值可参考表D.0.3。

表D.0.3 不同风向、风速下保温设防长度修正建议值

洞口最冷月平均温度(℃)	最冷月隧道洞口段平均风速(m/s)						
	<-5	-5~-2	-2~0	0	0~2	2~5	>5
	长度(m)						
0~-5	150~350	150~350	0~350	0~400	450~600	600~1000	>1000
-5~-10	250~350	250~350	300~550	400~650	500~1050	800~1650	>1650
<-10	>300	>300	>500	>650	>800	>1150	>1650

注：1. 表格在黑川希范公式计算长度基础上修正。

2. 洞口段平均风速由洞口吹向洞内为正，反之为负。

附录E 隧道通风海拔高度系数

E.0.1 考虑CO的海拔高度系数

川西高原公路隧道考虑CO的海拔高度系数宜按式(E.0.1)计算:

$$f_h = 0.894 + 2.644 \times 10^{-4} h \quad \text{(E.0.1)}$$

式中,f_h——考虑CO的海拔高度系数;

h——海拔高度,m。

考虑CO的海拔高度系数如图E.0.1和表E.0.1所示。

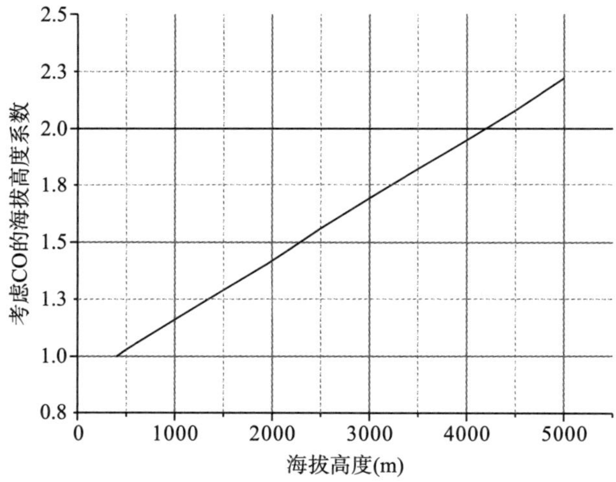

图E.0.1 考虑CO的海拔高度系数

注:当取值超出图示范围时,可作直线延伸。

表E.0.1 考虑CO的海拔高度系数

海拔高度(m)	2000	2500	3000	3500	4000	4500	5000
考虑CO的海拔修正系数(f_h)	1.42	1.56	1.69	1.82	1.95	2.08	2.22

E.0.2 考虑烟尘的海拔高度系数

川西高原公路隧道考虑烟尘的海拔高度系数可按式(E.0.2)计算:

$$f_{h(VI)} = 0.896 + 4.00 \times 10^{-4} h \quad \text{(E.0.2)}$$

式中，$f_{h(VI)}$——考虑烟尘的海拔高度系数；

h——海拔高度，m。

考虑烟尘的海拔高度系数如图 E.0.2 和表 E.0.2 所示。

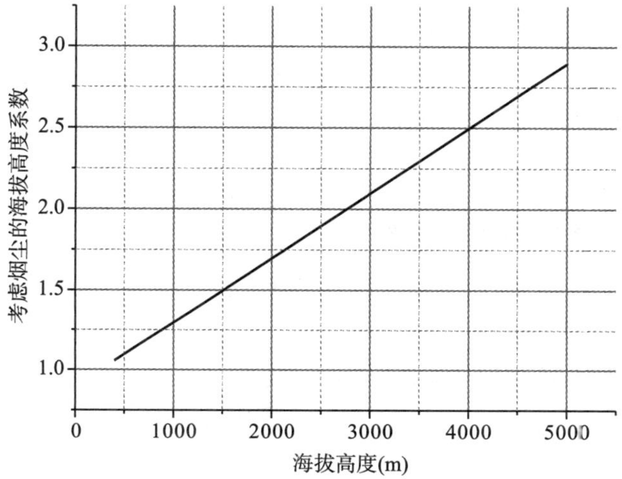

图 E.0.2　考虑烟尘的海拔高度系数

注：当取值超出图示范围时，可作直线延伸。

表 E.0.2　考虑烟尘的海拔高度系数

海拔高度(m)	2000	2500	3000	3500	4000	4500	5000
考虑烟尘的海拔高度系数($f_{h(VI)}$)	1.70	1.90	2.10	2.30	2.50	2.70	2.90

附录 F　隧道供氧量计算

F.0.1　鼻吸式供氧流量可按式(F.0.1)计算：

$$v=\frac{vi-0.21}{4vs} \tag{F.0.1}$$

式中，v——供氧流量，L/min；

vi——吸氧浓度，%；

vs——设备供氧浓度，%。

F.0.2　弥散式供氧流量计算

1. 人员耗氧量应按下式计算：

$$Q_1=\frac{Q_R\times N_R}{R_\theta} \tag{F.0.2.1}$$

式中，Q_1——空间内人员每小时总耗氧流量，m^3/h；

Q_R——空间内单人每小时总耗氧流量，m^3/h；

N_R——空间内活动人数；

R_θ——供氧管道出口氧气浓度，%。

2. 空间需氧量应按下式计算：

$$Q_2=\frac{V_F\times A}{R_\theta}\times K_1 \tag{F.0.2.2}$$

式中，Q_2——空间内每小时提升气管氧分压所需氧流量，m^3/h；

V_F——空间内体积，m^3；

A——单位体积每小时提升气管氧分压所需氧量，m^3；

R_θ——供氧管道出口氧气浓度，%；

K_1——房间密封性修正系数，取 1.67。

3. 弥散式供氧空间内总需氧流量按下式计算：

$$Q_3=Q_1+Q_2 \tag{F.0.2.3}$$

式中，Q_3——室内弥散式供氧所需氧气总流量，m^3/h；